Espíritu Santo

Oraciones, Triduo, Septena y Novena

Letra Grande

[Título original: *Devocionario implorando la gracia del Espíritu Santo. Actos de Fe, Esperanza y Caridad y demás virtudes con ofrecimiento de nuestras obras a Dios...* España, Imprenta de Salazar, 1826]

[Título original: *Obra de Discursos Sagrados escrita por el Presbítero D. Ignacio Gerónimo Domínguez, Doctor en Sagrada Teología por la Nacional y Pontificia Universidad de México y Cura Propietario de la Parroquia de Santa María de la Natividad Zaachila en el Obispado de Oaxaca.* México, Tomo I, Discursos Sagrados Panegíricos, Imprenta de Andrade y Escalante, 1860]

[Título original: *Septena del Espíritu Santo que para alentar la devoción de los fieles a impetrar la infusión de sus dones, ofrece el Fr. Basilio Patricio, religioso Presbítero y ex Prior General del Sagrado Orden de la Caridad, Provincia de Hipólito Mártir, de México, mandada imprimir por un devoto.* León, Tipografía de la Escuela de Artes por Jesús Villalpando, 1878]

[Título original: *Invocación al Espíritu Santo. Invocación y ofrecimiento del rosario a María Santísima. Himno a la Virgen María a imitación del Te Deum, compuesto por San Buenaventura.* Irapuato, Imprenta de Vicente Cervantes, 1879]

[Título original: *Novena en honor y gloria del Espíritu Santo que podrá rezarse en cualquier tiempo del año, principalmente en la octava de Pentecostés, o antes de emprender algún negocio de trascendencia, y también para alcanzar de Dios el remedio en alguna vicisitud. Su contenido en su mayor parte, está extractado de la obra del Abate Gaume sobre el Espíritu Santo y ordenado por un sacerdote del Arzobispado de México, y Profesor del Seminario Conciliar.* México, Moderna Librería Religiosa de José L. Vallejo, S. e. C., 1903]

Espíritu Santo. Oraciones, Triduo, Septena y Novena. Letra grande
Digitalización: Universidad Autónoma de Nuevo León
ISBN: 9798571214513
Sello: Independently published
Noviembre de 2020
Edición para AMAZON: Jesús Arroyo Cruz
publicahoy05@gmail.com

Para L., fiel creyente del Espíritu Santo

PREFACIO

Atendiendo las necesidades del devoto lector, se pone a su disposición y buen juicio esta compilación de 112 páginas en letra grande de 12 puntos, para su cómoda lectura, dedicada enteramente al Espíritu Santo.

El contenido fue cuidadosamente seleccionado para ofrecer distintas variantes de comunicación divina, pasando por las oraciones para solicitar la resolución de distintas necesidades, al triduo, septena y novena, en todos los casos, escritas con pulcritud y profundo conocimiento de la fe católica, precedidas de un bellísimo sermón del Presbítero Ignacio Gerónimo Domínguez.

EL EDITOR

ÍNDICE

SERMÓN DE ESPÍRITU SANTO
PRESBÍTERO D. IGNACIO GERÓNIMO DOMÍNGUEZ

Y yo rogaré a mi Padre, y Él os dará otro consolador
para que esté con vosotros eternamente
S. *Juan 14, 16*

El Hijo de Dios después de haberse vestido con el tosco sayal de nuestra naturaleza, compareció sobre la tierra en la humildad y mansedumbre, porque fue enviado para redimirnos. Pero el Espíritu Santo se anunció con símbolos de estrépito, de ruido y de majestad, porque fue enviado para dar testimonio de Jesucristo. Ciertamente, como refiere el libro de los *Hechos de los Apóstoles*: "Habiéndose cumplido los días de Pentecostés, estaban todos los Apóstoles juntos en un mismo lugar. Y de repente se oyó un ruido como de un viento impetuoso que venía del cielo, y llenó toda la casa en donde estaban sentados. Al mismo tiempo vieron aparecer como lenguas de fuego que se repartieron y reposaron sobre cada uno de ellos. En aquel punto quedaron todos llenos del Espíritu Santo y comenzaron a hablar en varias lenguas, según el Espíritu Santo les inspiraba que hablasen".

¡Cuántos misterios, pues, comprenden en sí estos breves periodos dictados por el mismo Espíritu Santo! ¡Oh! El viento y ruido impetuosos designan la divinidad de esta tercera Persona, su poder, su celeridad y el cambiamiento que obra así en toda la naturaleza material, como principalmente en las criaturas racionales.

El fuego denota la luz con que ilumina al entendimiento, y el calor con que inflama a la voluntad.

Las lenguas representan las multiplicadas formas semejantes unas con otras, que como armas de la divina palabra emplearían los Apóstoles y demás ministros del Señor en la conversión del mundo.

Pero, los Apóstoles recibieron los dones del Espíritu Santo en su venida visible, de dos modos, en los que hay una notable diferencia: unos en toda su perfección y para siempre, por cuanto miran al establecimiento de la Iglesia, su enseñanza y su gobierno; y otros respecto a ellos mismos en particular, por cuanto su vida crecía continuamente en méritos, hasta que la coronaron con la aureola del martirio. Sus sucesores reciben también invisiblemente los primeros dones, aunque no en todo su complemento, para dilatar, doctrinar y regir esta grey escogida de Dios; y los segundos más o menos abundantes, a fin de lograr su propia salud.

Además, los Santos Apóstoles fueron confirmados en la gracia, pero no los otros Pastores, excepto algunos que tal vez lo hayan sido, no por el orden común, sino por un efecto singular de la bondad divina. A los demás fieles se les infunde su gracia en el Bautismo, llevan impreso su carácter por la aplicación de este Sacramento y el de la Confirmación; y siendo los adultos dóciles a sus inspiraciones con su cooperación, o no pierden la gracia recibida o recuperan la gracia perdida.

De aquí es, que el Espíritu Santo estará siempre en nosotros, mientras perseveremos en gracia. Sí, enterémonos de que no es visita pasajera la que nos hace, porque solamente abandonará al hombre por el óbice de la culpa mortal.

Como lo comprueba San Agustín, establece una morada fija y un domicilio permanente dentro de nosotros, por lo cual, determinándose todas estas ideas hacia mi objeto general, diré: que por sí misma es eterna la presencia de este Espíritu Paráclito en su venida a las almas que favorece.

Venid, pues, ¡oh Espíritu Creador! Venid como os invocamos con la Iglesia, visitad los entendimientos de vuestros hijos, y llenad de vuestra gracia suprema los pechos que habéis criado. Y para que mi débil lengua pueda pronunciar en adelante vuestro elogio, ilustradme con un auxilio especial de vuestra luz soberana por intercesión de vuestra casta Esposa. Ave María.

Y yo rogaré a mi Padre, y Él os dará otro consolador para que esté con vosotros eternamente.

S. Juan...

El Eterno Padre nos concede al Espíritu Santo por los méritos y la intercesión de su Hijo amado Jesucristo, interpelando por nosotros como nuestro Mediador para con Dios, nos lo obtiene por su Pasión y Muerte. El mismo Espíritu Santo viene a consolarnos por la ausencia corporal y sensible de nuestro Salvador. Pero como sea esta consolación interna y deliciosa en nuestra alma, y como también nuestros cuerpos sean templo vivo del Espíritu Santo, no lo puede representar alguna idea ni comparación terrena.

Lo cierto es, que la experimentamos; que es eterna para con la Iglesia a quien este Divino Espíritu siempre ha de ilustrar, proteger y gobernar; y que es estable también para cada uno de nosotros, si no lo echamos de nuestra compañía por el pecado. En el Evangelio de San Juan se le llama Paráclito o Consolador, y Espíritu de verdad que dará testimonio de Jesucristo y enseñará todas las cosas.

Pues bien, dos reflexiones podré inferir de aquí: Primera: que el Espíritu Santo, como Maestro interno e insensible, ilumina el entendimiento con la inteligencia de todas las cosas conducentes a la salud eterna: Segunda: que como fuego infinito e inmenso de la Divinidad, se hace sentir por su amor en el corazón.

PRIMERA PARTE

Dios es la verdad, porque no puede engañarse y engañarnos, y también porque cumple sus promesas con una fidelidad y exactitud infalible. La Iglesia reconoce al Eterno Padre por Dios verdadero, cuando confiesa en el Credo a Jesucristo, nacido de su seno antes de todos los siglos, y Dios verdadero de Dios verdadero: *Deum verum de Deo vero*. San Juan asegura, que el Verbo Divino está lleno de gracia y de verdad, y que la gracia y la verdad vinieron por Jesucristo. Así también lo enseña el mismo Señor Nuestro Salvador, con estas palabras que dirigió a sus discípulos: "Yo soy el camino, la verdad y la vida".

El Espíritu Santo, según la expresión del Evangelio ya insinuada, es el Espíritu de verdad que había de habitar en los cristianos y sugerirles las especies de las cosas con su fuerza e inefable luz.

Este don, pues, que lo derrama particularmente después de la partida de Jesucristo a los Cielos, ennoblece a toda la Iglesia en común, y a cada uno de los fieles que escoge como para fanales de los divinos conocimientos. Voy a probarlo.

Claro es, que atribuyéndose la creación del hombre en el *Libro del Génesis* a las tres Divinas Personas, el pensamiento, considerado aun como una simple operación intelectual, se le ha dado por el Espíritu Santo.

Pero los filósofos paganos, como escribe San Pablo, se extraviaron en sus pensamientos, porque cayeron en muchos errores. Ahora, ¿quién negará que, desde la introducción del cristianismo en el mundo, los pueblos que lo admitieron adelantaron en las ciencias, las artes y la agricultura, permaneciendo los otros pueblos sumidos en la ignorancia y el engaño?

¡Qué bien se ha cumplido lo que prometió Jesucristo con esta sapientísima sentencia! "Buscad primero el reino de Dios y su justicia, y todas estas cosas se os añadirán". ¿Hubo acaso en los primeros siglos de la Iglesia, y esto aun por confesión de los mismos incrédulos menos tenaces, sabios en el paganismo como un San Basilio, un Lactancio y otros muchos en materias de física e historia natural? ¿Médicos más excelentes que un San Lucas y un San Pantaleón? ¿Científicos como un San Justino, y posteriormente como un Newton?

¿El apóstata Juliano no halló una grande diferencia en la ilustración de los imitadores de Cristo, que llamó galileos, y en la de los gentiles?

Y como el mejor medio de perfeccionar las ciencias consiste en establecer la comunicación entre las diferentes partes del globo, no han sido los filósofos, sino los misioneros cristianos los que han hecho nacer en las naciones la civilización, las leyes y las demás facultades.

Testigo es el Asia, testigos son también la Europa, el África y la América, de que ellos domesticaron a los bárbaros e introdujeron en sus territorios la sabiduría, la moral y la cultura.

Luego que los pueblos marítimos del África y del Egipto, abandonaron la luz del Evangelio, entraron en una noche lóbrega y profunda. Los griegos se hicieron estériles para las ciencias desde que su gobierno tiránico se declaró tan enemigo de ellas como de la religión cristiana. No nos cansemos, todos los hombres que hoy en día están inficionados con una venenosa filosofía, lejos de reformar la educación de la juventud, no pueden formar hombres laboriosos, sabios y útiles a su patria.

Si hubiera de seguir tratando de las gracias del orden natural que ha repartido el Espíritu Santo desde la creación del mundo, y mucho más después de la Ascensión de Jesucristo, os hablaría de la vida, de las buenas cualidades de alma y cuerpo, de la penetración del sentido de las Escrituras, y de toda ciencia, arte y mecánica.

Pero no, esto sería distraerme del objeto más interesante, que es sin duda el conocimiento sobrenatural. Así que, éste consiste según que se define por verdadera sabiduría, en conocer el fin para que Dios creó al hombre, y elegir los medios propios para conseguirle; en saber, por mejor decir, el camino del cielo o las verdades que guían a la vida eterna. Contraigámonos, pues, bajo este solo punto de vista, a atender a la iluminación que comenzó a difundir nuestro Dios, que en su tercera persona procede por la voluntad del Padre y del Hijo.

¡Que no me haya sido dado concebir ni explicar cómo por la presencia del Espíritu Santo son instruidos en un instante los Apóstoles, de todos los misterios y designios de Dios! ¡Cómo siendo rudos, sin elocuencia, y sin saber bien aún su propio idioma, son de repente sabios, elocuentes y hablan todas las lenguas!

Sin embargo, por la consideración de los efectos extraordinarios de su ciencia milagrosa, llegaremos más bien a admirar que a comprender el presente arcano. Sí, Partos, Medos, Elamitas, habitantes de Mesopotamia, de la Judea, de Capadocia, del Ponto, de la Asia, de la Frigia, de Pamfilia, del Egipto, de la Libia y de Roma; los judíos y sus prosélitos, cretenses y árabes, todos, como consta de los *Hechos Apostólicos*, los oyeron hablar en sus lenguas las maravillas de Dios.

En el mismo día de aquel gran suceso que los consagró al ejercicio de su alto ministerio, predica San Pedro un sermón, y se convierten cerca de tres mil personas. En otro día, y con ocasión de haber sanado prodigiosamente a un cojo a la puerta del templo, dirige a los judíos otro discurso, y creen cerca de cinco mil personas. ¿Qué juicio formaremos de un Pablo, a quien la gentilidad quiso adorar por Mercurio, uno de sus dioses alabado singularmente en facundia!

¡Ah! Más en una materia tan copiosa basten estos ejemplos, y observemos en general, que el Espíritu Santo se comunicó a los Apóstoles para bien de la Iglesia y de ellos mismos: que a la voz de estos ilustres obreros salieron los sabios del mundo del caos del error, y cautivaron su entendimiento en obsequio de Jesucristo Crucificado: que los relámpagos y centellas de sus palabras, lanzándose en las Sinagogas de los judíos, en las regiones de los idólatras y basta sobre los tronos de los reyes, o los aterrorizan o los hacen doblar sus cervices al yugo del Evangelio: que por su doctrina, autoridad y milagros, se finida la Iglesia en la firmeza de la fe, se aumenta con la sucesión de sus pastores y de sus rebaños, y vive con el sacerdocio, luz y acierto de sus prelados.

Por otra parte, aunque el Espíritu Santo no ha de bajar sobre cada uno de los simples fieles con el mismo esplendor y plenitud que sobre los primeros discípulos del Salvador, siempre pretende obrar en ellos lo que conviene a la salvación de sus almas.

Sin admitir el espíritu privado, por el que como si fuese regla de fe, se han creído los novadores con derecho para refutar toda sumisión a la doctrina de la Iglesia, no se deberán negar las ilustraciones con que este Santo Espíritu del Señor sostiene a los bautizados y a los que han recibido el Sacramento de la Confirmación, en que se les infunden sus dones, como sientan los Teólogos.

Un cristiano, pues, que se sujeta a la Iglesia como a Maestra de la verdad instruida por el Espíritu Santo, conoce la alta majestad de Dios, y aprende a temblar delante de su grandeza: sabe quién le da la facultad de pensar y la luz: entiende que necesita del auxilio divino y de la penitencia para vencer sus tentaciones y sus defectos: halla el modo de expresar sus acciones de gracias, y de moverse al objeto de sus esperanzas: no se le oculta que debe escuchar con humildad los preceptos del Altísimo, implorar su misericordia y aplacar su ira: advierte que según obre en esta vida, así recibirá en la otra la recompensa o un castigo eterno.

Con el don de sabiduría, para usar de las frases de un esclarecido autor, juzga rectamente de todas las cosas en orden a nuestro último fin: con el don de entendimiento, comprende las verdades reveladas cuanto lo permite su capacidad: con el don de ciencia, percibe los medios para salvarse, y su importancia: y con el don de consejo, toma en todas las cosas el partido que le es más ventajoso para su justificación. ¡Quién creyera que en el estado de la naturaleza corrompida le hubiese sido concedido al hombre brillar con tan hermosas luces, y adornarse con tantas gracias y tan preciosos dijes?

Ya veis, señores, que todo esto es obra del Espíritu Santo. Pero si he tocado aquí últimamente los dones sobrenaturales, que perfeccionan a la razón hacia la operación divina, expondré del mismo modo los otros dones con que se dispone la voluntad a seguir el instinto de este mismo Espíritu de amor.

SEGUNDA PARTE

La caridad de Dios, como dice San Pablo, se ha derramado en nuestros corazones por el Espíritu Santo, que nos ha sido dado. Entre los dones sobrenaturales hay unos que se conceden principalmente para utilidad de otros, como el don de lenguas, el espíritu de profecía y la potestad de los milagros. Estos dones en nada contribuyen a la santidad del que los tiene.

Hay algunos que se conceden directamente para utilidad y santificación del que los recibe. No porque sean unos auxilios exteriores como la ley de Dios, las lecciones de Jesucristo, la predicación del Evangelio y otras cosas semejantes, sino porque son auxilios interiores que mueven a los buenos pensamientos, piadosas resoluciones y santas obras.

Constituyen una cualidad, que se llama gracia habitual, y que hace a el alma agradable a Dios y digna de la felicidad eterna: contienen también las virtudes infusas y los siete dones o disposiciones especiales del Espíritu Santo, y son inseparables de la caridad perfecta.

Por lo cual, de este amor se verifica que todos los que se rigen por el Espíritu de Dios, son hijos de Dios y herederos, según la expresión del mismo Apóstol. En tal supuesto, consideremos lo más necesario y provechoso para nosotros, esto es, la santidad de la Iglesia después de aquel insigne prodigio del día de Pentecostés, y la excelencia de un alma santificada por la gracia del Espíritu Santo.

Según la doctrina del Apóstol de la gracia, Jesucristo amó a su Iglesia y se entregó por ella para santificarla y hacerla gloriosa sin mancha ni arruga. Más el Espíritu Santo llevó al cabo la grandiosa obra del sumo candor de la nuevamente desposada con el Cordero, cumpliendo a la letra las promesas que éste su celestial Esposo le había hecho: confirmó su predicación, doctrina y milagros, y dio principio visible a la misma Iglesia: mudó y renovó a los Apóstoles, y por su virtud, el mundo se ha renovado y como reproducido: *Emilles spiritum tuum, et creabuntur, et renovabis faciem terrae.* ¿Sabéis, señores, quiénes fueron los Apóstoles, antes que descendiera sobre ellos el Espíritu Santificador...?

El Evangelio los muestra terrenos, ambiciosos, tímidos, inconstantes y sujetos a las pasiones y miserias humanas, ¡Y cuáles fueron después! ¡Ah! Unos hombres espirituales, humildes, fervorosos, pacientes, celosos y eminentemente justos. Pasemos adelante, y especifiquemos más esta prueba.

Es de fe, que la sabiduría sobrenatural que tiene a Dios por fin, y a la santidad por objeto, sacó al primer hombre de su pecado, salvó de nuevo al mundo por medio del justo Noé, conservó a Abraham y libró a Lot, condujo por caminos derechos a Jacob, siguió a José en su cautiverio y le protegió contra sus enemigos, entró en el alma de Moisés para salvar a los hijos de Israel, libertó a estos de la servidumbre de Egipto y los hizo pasar a pie enjuto el mar Rojo.

Posteriormente, consagró a Samuel, formó a David según el corazón de Dios y fortaleció a los Profetas, a los Macabeos, y al Bautista contra la muerte.

Sin embargo, no fueron los días del Antiguo Testamento más felices, ni más abundantes en héroes que los del nuevo. El príncipe de los Apóstoles que había negado tres veces a su Maestro, otras tantas, le asegura con todo su corazón, que le ama a las orillas del mar de Tiberiades, y alcanza el premio singular de morir con la cabeza vuelta hacia la tierra, en una cruz. Santo, que persigue a su Redentor, en sus miembros, cual lobo rapaz, se muda en un Pablo, vaso de elección, y presentando al fin gustoso su cuello bajo la cuchilla del verdugo, entrega su espíritu limpísimo al Creador.

Santiago y Juan que pretendían los primeros asientos en el reino de los cielos, viven en la abnegación de sí mismos, y obtienen la muerte preciosa de los Santos. Leví o Mateo, que era antes publicano, acaba su gloriosa carrera como Apóstol, Evangelista y Mártir. Dídimo o Tomás, de presuntuoso e incrédulo, se cambia en discípulo esforzado y testigo de la Resurrección de Cristo Jesús, hasta derramar su sangre. Asimismo, los demás Apóstoles edifican a la Iglesia con su ejemplo, terminan su vida con el martirio, y todos ellos o en la vía o en la patria son venerados por columnas principales de la santa Ciudad de Dios.

Pero como la Iglesia se había de continuar después de la muerte de los Apóstoles, cari el discurso del tiempo se constituyen nuevas cabezas visibles, nuevos Prelados, Sacerdotes y Ministros, imitadores de su ardor y de todas sus virtudes. Al paso que extienden la fe y la Religión, ¡cuántos se guardan irreprensibles y vuelan a recibir en el cielo una recompensa muy particular!

Resplandecen Doctores eminentes. que como antorchas encendidas demuestran la luz y el calor del fuego divino: en sus escritos dejan a la posteridad un testimonio irrefragable, más bien de asombro que de emulación. Millares de Mártires hablan y confunden a los tiranos con el lenguaje de la verdad del Espíritu Santo, sufren todo género de tormentos y una muerte inferida por violencia.

Se llenan los desiertos de solitarios, y aun entre las rocas más escarpadas se sacrifican a Dios estos seres cuasi olvidados del mundo, con la oración, el ayuno y las más austeras penitencias. Vírgenes inocentes, desprendidas de los afectos y bienes de la tierra, vierten su sangre por su Divino Esposo: y en mayor número otra multitud de ellas se emplea en la práctica de las buenas acciones y en la contemplación de las cosas celestiales.

Ancianos, jóvenes y niños, personas de todas clases, sexos y condiciones, alcanzan por su ajustada vida ser contados en el catálogo de los Santos; y únicamente en el libro de la vida del Cordero se verán escritos los nombres de todos los que componen aquella grande turba, que con sus costumbres honrosas menos públicas u ocultas, se ofrecieron al Señor como hostias vivas en olor de suavidad.

La misma Iglesia nuestra Madre no cesa en el tiempo presente y no cesará en el futuro, de conducir a la santidad a muchos de sus hijos. Ya donde el ímpetu de las aguas alegra a la Ciudad de Dios, es una santa Congregación triunfante, en el fuego purgador paciente, y sobre la tierra militante.

Representémonos ahora a un alma en particular, que cual una lámpara lúcida se derrama en afectos ante el altar de la suprema majestad. ¡Ah! El Espíritu Santo la da el corazón, el amor, el idioma, y la voz. Con su espiritual unción, si está alegre o triste, fervorosa o tibia, así gusta de las suaves delicias de la inocencia, o padece con resignación en las aflicciones; sana de sus molestas enfermedades, o se consume a la viveza de los sagrados carismas.

Algunas veces se le oculta su adorado Esposo; mas no la abandona: otras se le manifiesta, y en ambos estados la obliga a producirse con gemidos inexplicables. Con el don de fortaleza, resiste a los peligros y vence las tentaciones: con el don de piedad honra a Dios, tributándole un culto debido; y con el don de temor, se separa del pecado y de cuanto puede desagradar al Señor.

En fin, a los siete dones son consiguientes las ocho bienaventuranzas como sus obras perfectas, y a las virtudes infusas, los doce frutos como sus actos los más excelentes. Todo esto la ensalza, y como que la diviniza.

¡Qué pábulo de vida, pues, sustenta a un alma justa! ¡Qué tesoros amontona para el día del premio! Pero dejemos a las personas virtuosas gozar en silencio de los inefables bienes del amor divino, que no conocen los mundanos, y demos la última mano a este discurso.

Como consta en las Sagradas Escrituras, "Dios es luz, Dios es un fuego devorador". De consiguiente, el Espíritu Santo que es Dios, así había de renovar en cumplimiento de una profecía, la faz de la Tierra. Acabáis de ver, señores, cómo con sus lenguas de luz y de fuego, ha vivificado a la Iglesia, trasforma a cualquier hombre que admite sus prodigiosas influencias y se acomoda a su operación.

Por eso, la Iglesia siempre le llama en su auxilio, pero más particularmente implora su ilustración y el calor de su caridad, cada vez que da principio al rezo de las horas canónicas: *Spiritus Sancti gratia illuminet sensus, et corda nostra. Amen.*

No porque la gracia que hace grato al sujeto que la recibe, deje de ser eficaz en sí misma, sino para que se obtenga si se carece de ella, o para que si se tiene, se aumente y no se pierda por culpa nuestra: *Et ego rogabo Patrem et alium Paraclitum dabit vobis, ut maneat vobiscum in aeternum.*

"El que niega la fe es peor que un infiel," según las palabras del Apóstol, y lejos de que el Espíritu Santo le alumbre el entendimiento con su luz sobrenatural, se lo ha ofuscado el espíritu de las tinieblas.

A más de esto, "el que no ama, dice San Juan, permanece en la muerte". ¡Cuán enorme, pues, será el pecado de los que pierden la fe que profesaron en el Bautismo! ¡Qué detestable la culpa de los que substituyen en lugar del Creador a la criatura, fijando en ella su amor!

Aquí éste no cree las verdades reveladas y se burla de los santos misterios: este otro no ama a Dios y jura en vano su santo nombre: aquel no santifica las fiestas ni cumple con las obligaciones de un cristiano. Allí uno aborrece a su prójimo y arrebatado de furor procede hasta derramar su sangre: otro le hiere en su fama y le injuria: algún otro le hurta sus bienes o se los retiene injustamente.

Sin contar los judíos y paganos que existen en el mundo, abundan los incrédulos, blasfemos, iracundos, lascivos, fraudulentos y malvados. Pero no son todos estos del agrado de Dios, porque no mora en ellos el Espíritu Santo. Si bien es verdad que pertenecen a la Iglesia los que aun retienen una fe informe, sin duda componen su parte más sana todos los que aman a Dios con el cumplimiento de sus mandamientos, y también aman al prójimo como a sí mismos.

Para que seamos de este número, supliquemos al Espíritu Divino, fuente de toda gracia, que nos tome bajo de su amparo: que nos conceda la firmeza en nuestra fe, la prontitud a sus inspiraciones y la santidad en todas nuestras obras. Logrando valernos de estos solos medios necesarios inconcusos, nos haremos dignos de un fin eternamente glorioso. **Así** SEA.

ESPÍRITU SANTO

ORACIONES

INVOCACIÓN AL ESPÍRITU SANTO

Venid, Espíritu Santo,

y celestialmente enviad un rayo de vuestra divina luz.

Venid, Padre de pobres,

venid Dador de dones,

Consolador excelso,

Huésped agradable del alma, suave refrigerio.

En el trabajo descanso,

refrigerio en el estío, consuelo en el llanto.

¡Oh luz felicísima!

Llenad de resplandor las potencias de vuestros fieles.

Sin vuestro poder, Señor,

nada es el hombre, fiada que no esté manchado.

Purificad lo inmundo,

regad lo que está árido, sanad lo herido,

humillad lo altivo, enfervorizad al corazón frío,

y encaminad al que se extravía.

Dad a aquellos vuestros fieles,

que en vos confían, los siete dones sagrados,

dadles de la virtud el mérito,

dadles una dichosa muerte,

y finalmente una perpetua gloria.

Amén.

¡VEN ESPÍRITU DIVINO!

Ven, Espíritu Divino manda tu luz desde el cielo. Padre amoroso del pobre; don, en tus dones espléndido; luz que penetra las almas; fuente del mayor consuelo.

Ven, dulce huésped del alma, descanso de nuestro esfuerzo, tregua en el duro trabajo, brisa en las horas de fuego, gozo que enjuga las lágrimas y reconforta en los duelos. Entra hasta el fondo del alma, divina luz y enriquécenos.

Mira el vacío del hombre, si tú le faltas por dentro; mira el poder del pecado, cuando no envías tu aliento. Riega la tierra en sequía, sana el corazón enfermo, lava las manchas, infunde calor de vida en el hielo, doma el espíritu indómito, guía al que tuerce el sendero.

Reparte tus siete dones, según la fe de tus siervos; por tu bondad y tu gracia, dale al esfuerzo su mérito; salva al que busca salvarse y danos tu gozo eterno. Amén.

LAUDES DE PENTECOSTÉS

¡El mundo brilla de alegría! ¡Se renueva la faz de la tierra! ¡Gloria al Padre, y al Hijo, y al Espíritu Santo!

Ésta es la hora en que rompe el Espíritu el techo de la tierra, y una lengua de fuego innumerable purifica, renueva, enciende, alegra las entrañas del mundo.

Ésta es la fuerza que pone en pie a la Iglesia en medio de las plazas, y levanta testigos en el pueblo para hablar con palabras como espadas delante de los jueces.

Llama profunda que escrutas e iluminas el corazón del hombre: restablece la fe con tu noticia, y el amor ponga en vela la esperanza hasta que el Señor vuelva.

Consagración al Espíritu Santo

Recibid ¡oh Espíritu Santo! la consagración perfecta y absoluta de todo mi ser, que os hago en este día para que os dignéis ser en adelante, en cada uno de los instantes de mi vida, en cada una de mis acciones, mi director, mi luz, mi guía, mi fuerza, y todo el amor de mi corazón.

Yo me abandono sin reservas a vuestras divinas operaciones, y quiero ser siempre dócil a vuestras santas inspiraciones. ¡Oh Santo Espíritu! Dignaos formarme con María y en María, según el modelo de vuestro amado Jesús. Gloria al Padre Creador. Gloria al Hijo Redentor. Gloria al Espíritu Santo Santificador. Amén.

Ven, Espíritu Santo

Ven, Espíritu Santo,

Llena los corazones de tus fieles

y enciende en ellos

el fuego de tu amor.

Envía, Señor, tu Espíritu.

Que renueve la faz de la Tierra.

Oración

Oh Dios, que llenaste los corazones de tus fieles con la luz del Espíritu Santo; concédenos que, guiados por el mismo Espíritu, sintamos con rectitud y gocemos siempre de tu consuelo. Por Jesucristo Nuestro Señor. Amén.

VEN, ESPÍRITU CREADOR

Ven, Espíritu Creador, visita las almas de tus fieles y llena de la divina gracia los corazones, que Tú mismo creaste.

Tú eres nuestro Consolador, don de Dios Altísimo, fuente viva, fuego, caridad y espiritual unción.

Tú derramas sobre nosotros los siete dones; Tú, el dedo de la mano de Dios; Tú, el prometido del Padre; Tú, que pones en nuestros labios los tesoros de tu palabra.

Enciende con tu luz nuestros sentidos; infunde tu amor en nuestros corazones; y, con tu perpetuo auxilio, fortalece nuestra débil carne,

Aleja de nosotros al enemigo, danos pronto la paz, sé Tú mismo nuestro guía, y puestos bajo tu dirección, evitaremos todo lo nocivo.

Por Ti conozcamos al Padre, y también al Hijo; y que en Ti, Espíritu de entrambos, creamos en todo tiempo. Gloria a Dios Padre, y al Hijo que resucitó, y al Espíritu Consolador, por los siglos infinitos. Amén.

V. Envía tu Espíritu y serán creados.

R. Y renovarás la faz de la tierra.

OREMOS

Oh Dios, que has iluminado los corazones de tus hijos con la luz del Espíritu Santo; haznos dóciles a tu Espíritu para gustar siempre el bien y gozar de su consuelo.

V. Por Jesucristo Nuestro Señor.

R. Amén.

Consagración de la Familia al Espíritu Santo

¡Oh Dios Espíritu Santo! Postrados ante tu divina majestad, venimos a consagrarnos a Ti con todo lo que somos y tenemos. Por un acto de la omnipotencia del Padre hemos sido creados, por gracia del Hijo hemos sido redimidos, y por tu inefable amor has venido a nuestras almas para santificarnos, comunicándonos tu misma vida divina.

Desde el día de nuestro bautismo has tomado posesión de cada uno de nosotros, transformándonos en templos vivos donde Tú moras juntamente con el Padre y el Hijo; y el día de la Confirmación fue la Pentecostés en que descendiste a nuestros corazones con la plenitud de tus dones, pera que viviéramos una vida íntegramente cristiana.

Permanece entre nosotros para presidir nuestras reuniones; santifica nuestras alegrías y endulza nuestros pesares; ilumina nuestras mentes con los dones de la sabiduría, del entendimiento y de la ciencia; en horas de confusión y de dudas asístenos con el don del consejo; para no desmayar en la lucha y el trabajo concédenos tu fortaleza; que toda nuestra vida religiosa y familiar esté impregnada de tu espíritu de piedad; y que a todos nos mueva un temor santo y filial para no ofenderte a Ti que eres la santidad misma.

Asistidos en todo momento por tus dones y gracias, queremos llevar una vida santa en tu presencia. Por eso hoy te hacemos entrega de nuestra familia y de cada uno de nosotros por el tiempo y la eternidad. Te consagramos nuestras almas y nuestros cuerpos, nuestros bienes materiales y espirituales, para que Tú sólo dispongas de nosotros y de lo nuestro según tu beneplácito. Sólo te pedimos la gracia que después de haberte glorificado en la tierra, pueda toda nuestra familia alabarte en el cielo, donde con el Padre y el Hijo vives y reinas por los siglos de los siglos. Así sea.

INTERCESIÓN DE MARÍA QUE ENVÍA AL ESPÍRITU SANTO

Por intercesión de María envía al Espíritu Santo

Divino Padre Eterno, en nombre de Jesucristo y por la intercesión de la Siempre Virgen María; envía a mi corazón al Espíritu Santo.

Espíritu Santo, Dios de infinita caridad, dame Tu Santo Amor.

Espíritu Santo, Dios de las virtudes; conviérteme. Espíritu Santo, Fuente de luces celestes; disipa mi ignorancia.

Espíritu Santo, Dios de infinita pureza; santifica mi alma.

Espíritu Santo, que habitas en mi alma, transfórmala y hazla toda tuya.

Espíritu Santo, Amor sustancial del padre y del Hijo, permanece siempre en mi corazón.

Tres veces Gloria al Padre.

Espíritu Santo, eterno amor.

ORACIÓN DE SAN AGUSTÍN

Ven a mí, Espíritu Santo, Espíritu de sabiduría: dame mirada y oído interior para que no me apegue a las cosas materiales, sino que busque siempre las realidades del Espíritu.

Ven a mí, Espíritu Santo, Espíritu de amor: haz que mi corazón siempre sea capaz de más caridad.

Ven a mí, Espíritu Santo, Espíritu de verdad: concédeme llegar al conocimiento de la verdad en toda su plenitud.

Ven a mí, Espíritu Santo, agua viva que lanza a la vida eterna: concédeme la gracia de llegar a contemplar el rostro del Padreen la vida y en la alegría sin fin. Amén.

LETANÍAS AL ESPÍRITU SANTO

Señor, ten piedad de nosotros.

Cristo ten piedad de nosotros.

Señor, ten piedad de nosotros.

Cristo, óyenos.

Cristo, escúchanos.

Cristo, Padre celestial, ten piedad de nosotros.

Dios hijo, Redentor del mundo

Espíritu Santo que procedes

del Padre y del Hijo,

Te alabamos y te bendecimos.

Espíritu del Señor, Dios de Israel.

Espíritu que posees todo poder.

Espíritu, fuente de todo bien.

Espíritu que embelleces los cielos.

Espíritu de sabiduría e inteligencia.

Espíritu de consejo.

Espíritu de fortaleza.

Espíritu de ciencia.

Espíritu de piedad.

Espíritu de temor del Señor.

Espíritu, inspirador de los santos.

Espíritu prometido y donado por el Padre.

Espíritu de gracia y de misericordia.

Espíritu suave y benigno.

Espíritu de salud y de gozo.

Espíritu de fe y de fervor.

Espíritu de paz.

Espíritu de consolación.

Espíritu de santificación.

Espíritu de bondad y benignidad.

Espíritu, suma de todas las gracias.

Cordero de Dios que quitas los pecados del mundo.

Perdónanos, Señor.

Cordero de Dios que quitas los pecados del mundo.

Escúchanos Señor.

Cordero de Dios que quitas los pecados del mundo.

Ten piedad de nosotros.

ESPOSO/ESPOSA POR SU FAMILIA

Espíritu Santo, concededme para mí, para mi esposo(a) y para mis hijos, aquellos dones divinos con que fortalecisteis a los Apóstoles; aquella gracia poderosa que ilumina el entendimiento, mueve dulcemente la voluntad, y vence gloriosamente la concupiscencia.

Concédenos el don de una clara inteligencia, el conocimiento del bien y buena voluntad de ejercitarlo.

Tomad bajo vuestra divina protección a mis hijos; preservadlos de toda pasión vergonzosa; protegedlos, libradlos de caer en los lazos de la seducción con que el demonio intenta hacerlos caer en el pecado. Hacedlos humildes, obedientes, honrados y temerosos de Dios; amantes de la verdad y de la religión.

Dadles gracia para vencer los vicios y pasiones. Y a mí, concededme la gracia y el acierto necesario para educarlos y dirigirlos y hacerme obedecer de ellos.

VISITA EL HOGAR DE TUS FIELES

Ven, Espíritu Dios Creador, y visita el hogar de tus fieles, haz un templo de gracia su pecho con el don de tu santa presencia. Tú, el amor que consuela a los hijos como eterno regalo del Padre, Caridad, Fuente viva de gracia, Llama eterna de amor verdadero.

Ilumine tu luz nuestros ojos, y tu amor se derrame en el alma, tu poder nos sostenga en la lucha y renueve las fuerzas cansadas. Ilumine tu luz nuestros ojos y tu amor se derrame en el alma, sé la mano que venza en sus luchas, el sendero que guíe sus pasos.

Haz que triunfen sus hijos al mal y que reine la paz en sus almas, fortalece la fe del creyente que ha nacido a la vida divina. Demos gloria por siempre a Dios Padre y a Jesús triunfador de la muerte y al Espíritu, vida del alma, alabanza y honor para siempre. Amén.

PARA PEDIR LOS DONES DEL ESPÍRITU SANTO

Ven, Espíritu Creador, visita las almas de los fieles; e inunda con tu gracia los corazones que Tú creaste.

Espíritu de Sabiduría, que conoces mis pensamientos más secretos, y mis deseos más íntimos, buenos y malos; ilumíname y hazme conocer lo bueno para obrarlo, y lo malo para detestarlo sinceramente. Intensifica mi vida interior, por el DON DE ENTENDIMIENTO.

Aconséjame en mis dudas y vacilaciones, por el don de Consejo. Dame la energía necesaria en la lucha contra mis pasiones, por el DON DE FORTALEZA.

Envuelve todo mi proceder en un ambiente sobrenatural, por el DON DE CIENCIA.

Haz que me sienta hijo tuyo en todas las vicisitudes de la vida, y acuda a Ti, cual niño con afecto filial, por el DON DE PIEDAD.

Concédeme que Te venere y Te ame cual lo mereces; que ande con cautela en el sendero del bien, guiado por el DON DEL SANTO TEMOR DE DIOS; que tema el pecado más que ningún otro mal; que prefiera perderlo todo antes que tu gracia; y que llegue un día a aquella feliz morada, donde Tú serás nuestra Luz y Consuelo, y, cual tierna madre; enjugas "toda lágrima de nuestros ojos", donde no hay llanto ni dolor alguno, sino eterna felicidad. Así sea.

ENTREGA AL ESPÍRITU SANTO, IMPLORANDO SUS DONES Y FRUTOS

Espíritu Santo, Dios eterno, cuya gloria llena los cielos y la tierra, heme aquí postrado humildemente en tu presencia. Te ofrezco y te hago entrega de mi cuerpo y de mi alma. Adoro el resplandor de tu pureza, de tu justicia inmutable y del poder de tu amor.

No permitas que te ofenda o resista a las inspiraciones de tu gracia; antes bien dirige mi entendimiento, a fin de que escuche dócilmente la voz de tus inspiraciones y las siga, hallando en tu misericordia un amparo contra mi debilidad.

Espíritu de Sabiduría, domina todos mis pensamientos, palabras y obras.

Espíritu de Entendimiento, ilumíname e instrúyeme.

Espíritu de Consejo, guíame en mi inexperiencia.

Espíritu de Ciencia, ahuyenta mi ignorancia.

Espíritu de Fortaleza, hazme perseverante en el servicio de Dios; dame fuerzas para proceder en todo con bondad y benevolencia, con mansedumbre y sinceridad, con paciencia y caridad, con alegría y longanimidad.

Espíritu de Piedad, hazme afectuoso y filial en mis relaciones con Dios.

Espíritu del Santo Temor de Dios, líbrame de todo mal.

Espíritu de Paz, dame tu paz.

Espíritu de Santidad, adorna con las celestiales virtudes de pureza y modestia el templo que has elegido por tu morada y preserva siempre mi alma, con tu gracia omnipotente, de la ruina del pecado. Así sea.

CONSAGRACIÓN Y PETICIÓN AL ESPÍRITU SANTO

Espíritu Santo, Divino Consolador y Huésped de mi alma, te adoro, te alabo y te bendigo.

Me consagro hoy de nuevo a Ti, para que me invadas con tu gracia, ordenes mis facultades y sentidos, me ilumines, fortalezcas, serenes y bendigas.

INUNDA MI INTELIGENCIA CON TU LUZ PARA CONOCER:

Tu Divina Voluntad Lo que puedo y debo hacer

Lo que debo y puedo modificar

Lo que no depende de mí cambiar

Cómo debo conducirme en los acontecimientos de la vida

ROBUSTECE MI VOLUNTAD CON EL DON DE LA FORTALEZA

Para cumplir constantemente con mi deber

Observar fielmente mis promesas

Conformarme con tu voluntad

Afrontar los problemas y dificultades

Luchar eficazmente contra el mal Soportar las molestias y enfermedades

Para ser bondadoso, tolerante y paciente.

GRACIAS TE DOY:

Por haberme hecho cristiano

Por posibilitarme conocerte y amarte

Por haberme infundido devoción hacia Ti

Por haberme colmado de gracias y favores

TE RUEGO ME AYUDES:

A perseverar en tu amor

Vivir y obrar en comunión contigo

Hacer fructificar en mí tus dones

Permanecer fiel a tus inspiraciones

Secundar generosamente tus deseos

Evitar lo que te contrita y ofende

Extender tu reinado en mis prójimos

Contemplarte eternamente en el cielo.

PARA PEDIR LOS FRUTOS DEL ESPÍRITU SANTO

ESPÍRITU DE CARIDAD, haznos amar a Dios y a nuestros semejantes como Tú quieres que los amemos.

ESPÍRITU DE GOZO, otórganos la santa alegría, propia de los que viven en tu gracia.

ESPÍRITU DE PAZ, concédenos tu paz, aquella paz que el mundo no puede dar.

ESPÍRITU DE PACIENCIA, enséñanos a sobrellevar las adversidades de la vida sin indagar el por qué de ellas y sin quejarnos.

ESPÍRITU DE BENIGNIDAD, haz que juzguemos y tratemos a todos con benevolencia sincera y rostro sonriente, reflejo de tu infinita suavidad.

ESPÍRITU DE BONDAD, concédenos el desvivirnos por los demás, y derramar a manos llenas, cuantas obras buenas nos inspires.

ESPÍRITU DE LONGANIMIDAD, enséñanos a soportar las molestias y flaquezas de los demás, como deseamos soporten las nuestras.

ESPÍRITU DE MANSEDUMBRE, haznos mansos y humildes de corazón, a ejemplo del Divino Corazón de Jesús, obra maestra de la creación.

ESPÍRITU DE FE, otórganos el no vacilar en nuestra fe, y vivir siempre de acuerdo con las enseñanzas de Cristo, e iluminados por tus santas inspiraciones.

ESPÍRITU DE MODESTIA, enséñanos a ser recatados con nosotros mismos, a fin de no servir nunca de tentación a los demás.

ESPÍRITU DE CONTINENCIA, haznos puros y limpios en nuestra vida interior, y enérgicos en rechazar cuanto pudiera manchar el vestido blanco de la gracia.

Espíritu de Castidad, concédenos la victoria sobre nosotros mismos; haznos prudentes y castos; sobrios y mortificados; perseverantes en la oración y amantes de Ti, oh Dios del Amor hermoso. Así sea.

ORACIÓN PARA ALCANZAR LA PAZ INTERIOR

ESPÍRITU SANTO CONSOLADOR, concédeme el don de la fortaleza. Fortalece mi alma para superar las dificultades de cada día, los tormentos de las persecuciones y las insidias del maligno. Ayúdame a ser fuerte en medio de las debilidades espirituales, para que yo sea señal de Tu amor y bondad.

ESPÍRITU SANTO DE LUZ, concédeme el don de la sabiduría. Que tenga el discernimiento necesario para distinguir el mal del bien, la mentira de la verdad, la guerra de la paz. Que Tu sabiduría ilumine los espacios confusos de mi alma.

ESPÍRITU SANTO PARÁCLITO, concédeme el don del entendimiento, para que comprenda correctamente la voluntad del Padre Celestial en mi vida. Ayúdame a entender al prójimo con amor, misericordia y paz. Que comprenda, con todo mi ser, el amor de Cristo por mí y por la humanidad.

ESPÍRITU SANTO, ABOGADO CELESTIAL, concédeme el don de la ciencia. Que, iluminado por Tu luz divina, comprenda correctamente los planes de Dios para mi vida, y sea obediente a las enseñanzas divinas. Y sea así, una señal permanente de la misericordia del Maestro Jesús en el mundo.

ESPÍRITU SANTO, CONSEJERO DIVINO, concédeme el don del consejo. Ilumina mi entendimiento, para que yo busque en Dios las respuestas a mis dudas e inquietudes humanas y espirituales. Pon en mis labios palabras que restablezcan la paz en el mundo, y ayúdame a llevar siempre un consejo que devuelva a las almas afligidas la serenidad en Dios.

DIVINO ESPÍRITU SANTO, concédeme el don de la piedad. Que mis oraciones sean puentes de amor, que unan mi corazón al corazón de Dios Padre y de Cristo Señor. Que mi fervor espiritual se renueve siempre, para que mi alma fructifique en la fe y la esperanza.

ESPÍRITU SANTO, CONSOLADOR DE LOS AFLIGIDOS, concédeme el don del temor de Dios, para que tenga siempre frente a mis ojos, la bondad divina, y que mis pensamientos, palabras y acciones, no sean una ofensa al amor misericordioso del Padre Celestial. Así sea.

ORACIÓN PARA EL TRABAJO

SANTO ESPÍRITU, La señal de amor del Ser Supremo y su unigénito hijo, Jesús, Tú, que iluminas al mundo con tu luz resplandeciente y tu amor incondicional, aprueba mi petición que, con mucha humildad y sencillez, realizo a tu nombre.

El día de hoy necesito de tu confianza y seguridad, para que, el regalo que el sempiterno Dios me guarda, sea un trabajo estable que llegue a mi vida.

SANTO ESPÍRITU, Guía mis pasos por el buen camino, para no decaer en conflictos con adversarios u obstáculos, que impidan la obtención del empleo pleno.

Llena mi alma de tu divina voluntad, motiva mis esperanzas y blinda mi cuerpo, mis manos trabajadoras y mi rostro cansado, para que nunca falte en mi vida un digno trabajo.

SANTO ESPÍRITU, Tú, que eres la semilla de Cristo en la cruz, que fuiste esparcido por toda la humanidad, para salvarnos de nuestros pecados, espárcete en mi vida ahora, para que en ella fluya el trabajo que necesito.

ESPÍRITU DE AMOR, alerta única de nuestro Señor todopoderoso, Dios, y su hijo, Salvador de cada uno de los seres que habitamos la Tierra, que el día de hoy, sea tu voluntad la que triunfe, por los siglos de los siglos. Amén.

ORACIÓN PARA LOS NIÑOS

ESPÍRITU SANTO, pongo mi corazón en tus manos, para que entres en él y colmes mi vida de bendiciones.

ESPÍRITU SANTO, otórgame la valentía necesaria, para vivir como Jesús me ha enseñado: Amando a todos, y primeramente, amando a Dios.

ESPÍRITU SANTO, ayúdame a cambiar mis actitudes reprochables que me hacen ser una mala persona, aleja todo aquello y quienes me quieren alejar de Dios y de mis hermanos.

ESPÍRITU SANTO, te pido que me ayudes, para ser mejor cada día, para ser un mejor hijo, un mejor hermano, un mejor amigo.

ESPÍRITU SANTO, te agradezco por ser mi fiel compañía y nunca abandonarme, siempre estuviste cerca y atento de mí.

ESPÍRITU SANTO, ayúdame a distinguir las cosas buenas de las malas, y que mi ejemplo siempre sean las buenas.

ESPÍRITU SANTO, guíame por el camino del bien, para siempre ser un jovencito recto que no cambia sus principios ni por mayor tentación expuesta.

ESPÍRITU SANTO, Espíritu de mi Salvador, Jesús, ven a mi corazón, purifícalo y conviértelo en un corazón puro y sincero. transforma mi vida, hazme un chico humilde y fiel a los prestigios del Señor, para vivir como vivió Jesús.

ORACIÓN PARA PEDIR POR LOS ENFERMOS

ESPÍRITU SANTO CELESTIAL, te ruego por la gloria del Señor todopoderoso, y que sanes cada enfermedad que habita en el cuerpo de mis familiares, amigos, conocidos y personas con quienes comparto en mi centro de oración.

ESPÍRITU SANTO CELESTIAL, haz que su fe crezca inmensamente, que su esperanza se reproduzca y que sus oraciones sean para el sempiterno Dios, para que, de esta manera, el reino celestial sea más extenso, se forme una cadena de oración y testimonios de tu presencia y habites en el corazón de estas nobles personas por siempre.

ESPÍRITU SANTO CELESTIAL, esto lo pido a tu nombre, porque el poder de la Santísima Trinidad no conoce barreras, porque todo lo que en ti sea pedido con fe, será atendido, porque el Señor es mi buen pastor y yo pertenezco a las ovejas de su rebaño.

Tu infinito amor es real, y antes de conocer los resultados de mi oración, te agradezco por escucharme, porque sé que tú cumplirás en mí y en los que pedí.

Te agradezco por curar las enfermedades en este momento, Espíritu Santo, te agradezco por tu atención y misericordia. Amén.

ORACIÓN PARA ALEJAR EL MAL

Contra la necedad y el estorbo, otórgame el don de la sabiduría, para ser librado de no topar con la insensatez, la torpeza y el tedio de crueldad.

Contra la fuerza bruta y rudeza, otórgame el don del entendimiento, para llegar a un acuerdo con aquellos que desean hacerme daño, y así evitar las dudas, desconfianzas y complicaciones.

Contra la precipitación, otórgame el don del consejo, para librar de toda mal decisión, pensar con claridad mis ideas y saber ayudar a quien lo necesita.

Contra la ignorancia, otórgame el don de la ciencia, para no caer en las trampas del enemigo, me haga pecar con sus tentaciones diabólicas, y poder conducir mi vida a un camino de salvación.

Contra la cobardía, el miedo y la timidez, otórgame el don de la fortaleza, y no ser acorralado por ser temeroso, miedoso, y la debilidad que me produce estar en una situación difícil.

Contra la dureza, otórgame el don de la piedad, para que me libre de la rabia, el dolor, la crueldad y estoicismo.

Contra el ego y la superioridad, otórgame el don de temor a Dios, para acertarlo a él como mi único Dios y Señor, capaz de darme las órdenes celestiales más concisas y yo obedeceré sin reproches. Amén.

ORACIÓN PARA CASOS DIFÍCILES E IMPOSIBLES

Santo Espíritu, divino Espíritu, el día de hoy, vengo a tus brazos por tu socorro, para que me ayudes en las difíciles circunstancias en las que me encuentro, que para mí se vuelven imposibles de realizar, deposito toda mi fe y esperanza en ti, y confío rectamente en que escucharás mis suplicas, y me darás pronta solución a mis problemas, te lo pido, dame la bendición para lograr lo que necesito: (*Menciona lo que quieres conseguir*).

Santo Espíritu, te amo y te bendigo, infinito consuelo de Dios y Jesús, repleto de virtudes y dones, sáname en estas complicadas situaciones, ilumina y traza un camino en mi vida, bendíceme hoy, mañana y siempre, y yo te glorificaré y te agradeceré eternamente.

Ven a nosotros, Santo Espíritu, rodéate de nuestra gente, sé su luz, su fortaleza, su consuelo, su defensa impenetrable, protégelos, llena sus corazones de regocijo, y calcina los malos sentimientos de su corazón, para que sólo habiten las llamas de tu amor, tu pasión y tu poder de sanación.

Dame la ayuda que necesito, bríndame tu mano milagrosa, y así podré alcanzar lo que me proponga, porque tú y el Señor todopoderoso son uno. En el nombre del Padre, del Hijo y del Espíritu Santo. Amén.

DEPRECIACIÓN AL ESPÍRITU SANTO
SECUENCIA

Venid, ¡oh, Espíritu Santo!
De amor sagrado fuego
Enviad acá a la Tierra
Un rayo de ese incendio.

Venid, Padre de pobres
Venid, dador inmenso,
Alumbra nuestras mentes,
Enciende los afectos,
Venid, dulce huésped,
Consolador excelso,
Del alma noble vida
Y dulce refrigerio.
Venid, bien infinito,
Al Santo dad consuelo,
A la fatiga, alivio,
A todo mal, remedio.

¡Oh, clara luz y hermosa
que alegras esos cielos!
Venid a nuestras almas,
Llenad nuestro cuerpo.
Sin tu Divino Numen,
Sin tu fecundo riego,

Nada se ve en el hombre,

Que no sea defecto,

Lavad lo que es manchado,

Regad lo que está seco,

Destierra lo que es sombra,

Sanad lo que está enfermo,

Abrasa lo que es tibio,

Quebranta lo que es terco,

Dirige lo torcido,

Mejora lo imperfecto,

Concede ya a tus fieles,

Que viven en tu aliento.

Con cúmulos de gracia,

Tus siete dones divinos,

Haced feliz su muerte,

Dadles el gozo eterno.

V. Enviad al Espíritu Santo.

R. Y se renovará el semblante divino.

ORACIÓN

¡Oh Dios! que enseñaste los corazones, los fieles, con la ilustración del Espíritu Santo, concédenos saber y alegrarnos siempre con su consuelo y el de Nuestro Señor Jesucristo. Amén.

ACTOS DE FE, ESPERANZA Y CARIDAD

Que, con excepción de los misterios, y afectos más devotos, pueden servir para que mejor se cumpla con su obligación de hacerlos muchas veces en la vida; y según, es más conforme en los domingos, y días principales de los mismos misterios de nuestra santa religión. Los venerables Curas cuidarán de rezarlos antes de la plática de sus misas conventuales, o al ofertorio, cuando por graves ocupaciones omitan dichas pláticas.

ACTO DE FE

Dios mío, creo en Vos, sabiduría infinita, bondad suma, que no puede engañarse, ni engañarnos. Creo que solo Vos sois el único Dios verdadero, Uno en la esencia, y Trino en personas, Padre, Hijo y Espíritu Santo. Todo poderoso, Creador del Cielo y de la Tierra, de las cosas visibles e invisibles.

Creo que Jesucristo en cuanto hombre, fue concebido por virtud del Espíritu Santo, y nació de la Virgen María, Virgen antes del parto, en el parto y después del parto: que padeció y murió por redimirnos del pecado y después descender al limbo y sacar de allí las almas de los justos, que le esperaban, resucitó glorioso, subió a los Cielos por su propia virtud; y ha de venir al fin del mundo a juzgar vivos y muertos, a los buenos para darles gloria, y a los malos pena eterna.

Pero que se quedó, y está real y verdaderamente con nosotros en el Santísimo Sacramento del altar.

Creo en el Espíritu Santo, Dios igual en todo al Padre y al Hijo, y de quienes procede y con quienes debe ser adorado, y glorificado.

Creo que fuera de la Iglesia Católica, Apostólica, Romana, que solo es una, no hay salvación.

Creo en la comunión de los Santos, por la cual los unos fieles participamos de los bienes espirituales de los otros, sirviéndoles también de sufragios nuestras oraciones y devociones a las almas que penan en el purgatorio.

Confieso que solo hay un bautismo, por el cual, y por los demás sacramentos se nos perdonan los pecados, y se nos da la gracia, haciéndonos con ella, hijos de Dios, y herederos del Reino de los Cielos.

Creo, Dios mío, todo cuanto habéis revelado a vuestra Iglesia, y la misma Iglesia nuestra Madre nos enseña; y protesto vivir y morir en esta misma fe, dando, si es necesario, la vida por su defensa.

ACTO DE ESPERANZA

Espero, Dios mío, en vuestra bondad y misericordia infinita. Desconfío de mi miseria y en Vos pongo mi esperanza. Vos sois mi camino de amor, y habéis de ser también mi Salvador, y Glorificador.

Si os temo como a quien tanto he ofendido, sé que no queréis mi muerte, sino que me convierta y viva. Pero nada, nada puedo sin Vos, cuando con vuestra gracia todo me es posible.

Yo quiero, Señor, salvarme y os ofrezco que desde hoy en adelante cooperaré a mi salvación, y cumpliré vuestros preceptos.

No miréis mi ingratitud; ponen los ojos en los méritos, más mis pecados para condenarme, que su sangre preciosa para mi remedio.

Si es grande mi maldad, mayor es vuestra compasión. Sáname pues, Dios mío, y seré sano: sálvame, Señor y seré salvo; y no me desampares con tu gracia.

ACTO DE CARIDAD

Vos sois, Dios mío, mi primer principio y no habéis querido, que otro que Vos mismo sea mi último fin. ¿Quién más digno de ser amado que Vos? ¿Y es posible que no solo me permitáis que os ame, sino que así también me lo hayáis mandado?

Yo os amo, pues, Dios mío, con toda mi alma, con todo mi corazón, con todas mis fuerzas. Una y mil veces me pesa haberos ofendido, no tanto por temor de las penas del infierno que merezco, y por la pérdida de la gloria en que he incurrido, cuanto por ser Vos quien sois, tan digno de ser amado.

Protesto morir antes que volver a pecar. Nada quiero sin Vos, nada aprecio, nada estimo. Con Vos las tribulaciones, las angustias, las persecuciones, los trabajos y aún la misma muerte me serán gozos que sufriré contento por vuestro amor.

Piérdase todo para mí, como yo no os pierda a Vos; y en prueba de ello, yo perdono de corazón a mis enemigos: amo a todos mis prójimos, y quiero para todos cuanto deseo para mí.

Saca, Señor, del estado de la culpa a los que miserablemente se hallan en ella: vengan a tu verdadero conocimiento las naciones paganas y gentiles: apártense de su error los herejes y cismáticos: sea honrado y santificado tu nombre; reina en nuestros corazones por la gracia; y concédenos que, en todo tiempo, y en todas las cosas hagamos tu voluntad santísima, nos conformemos con ella, la alabemos y ensalcemos por los siglos de los siglos. Amén.

OTROS ACTOS DE FE, ESPERANZA Y CARIDAD
PARA REZARSE AL DESPERTAR

Dios mío, creo en Vos, fortaleced, Señor, mi fe: espero en Vos formad mi esperanza: os amo de todo corazón, encended mi amor; me pesa haberos ofendido, aumentad mi dolor.

Os adoro como a mi primer principio, os deseo como a mi último fin, os doy gracias como a mi continuo Bienhechor, y os invoco como a mi Soberano Defensor.

Dignaos, Dios mío, de dirigirme por vuestra Sabiduría, contenerme por vuestra Justicia, consolarme por vuestra Misericordia y ampararme por vuestro Poder.

Os consagro todos mis pensamientos, palabras, obras y trabajos a fin de que hoy en adelante piense siempre en Vos, hable de Vos, obre según Vos y padezca por Vos.

Señor, hágase en mí y de todas mis cosas vuestra Santísima voluntad en tiempo y eternidad.

Os suplico que ilustréis mi entendimiento, inflaméis mi voluntad, purifiquéis mi corazón y santifiquéis mi alma.

Socorredme, Señor, con vuestra gracia para vencer la soberbia con la humildad, la avaricia con la largueza, la lujuria con la mortificación, la envidia con la caridad, la ira con la paciencia, la gula con la abstinencia, la tibieza con el fervor, y todas mis inclinaciones y afectos carnales con vuestro Santo temor y amor.

Todos estos actos son mi voluntad repetirlos cuantas veces pudiese en este día, y en toda mi vida; y en señal de que los ratifico, con el mayor afecto que puedo, digo y diré Señor, que lo dicho, dicho. Amén.

ESPÍRITU SANTO

TRIDUO

TRIDUO AL ESPÍRITU SANTO

DÍA PRIMERO

Comenzar rezando el Credo.

Padre de Bondad, que nos has concedido la gracia de ser templos vivos del Espíritu Santo. Otórganos el privilegio de valorar este insigne beneficio: experimentar en nosotros, tan fuertemente la presencia de este divino don, que impulsados por el fuego de la verdadera caridad, te sirvamos con este temor filial, que es delicadeza y correspondencia amorosa a todos tus beneficios. Te lo pedimos por Cristo, tu Hijo amado.

Padre nuestro, Ave María y Gloria.

LETANÍAS AL ESPÍRITU SANTO PARA TODOS LOS DÍAS

Señor, ten piedad de nosotros.

Cristo, ten piedad de nosotros.

Señor, ten piedad de nosotros.

Padre omnipotente, ten piedad de nosotros.

Jesús, Hijo eterno del Padre y Redentor del mundo, sálvanos.

Espíritu del Padre y del Hijo y Amor infinito de uno y otro, santifícanos.

Trinidad Santísima, óyenos.

Espíritu Santo que procedes del Padre y del Hijo, ven a nosotros.

Promesa del Padre,

Don del Dios Altísimo,

Rayo de luz celeste,

Fuente de agua viva,

Espíritu de amor y de verdad,

Fuego abrasador,

Autor de todo bien,

Unción espiritual,

Caridad ardiente,

Espíritu de sabiduría,

Espíritu de entendimiento,

Espíritu de consejo y de fuerza,

Espíritu de ciencia y de piedad,

Espíritu del temor del Señor,

Espíritu de gracia y de oración,

Espíritu de paz y de dulzura,

Espíritu de modestia y de inocencia,

Espíritu consolador,

Espíritu santificador,

Espíritu que gobiernas la Iglesia,

Espíritu que llenas el universo,

Espíritu de filiación de los hijos de Dios,

Espíritu Santo, imprime en nosotros el horror al pecado,

Espíritu Santo, concédenos la única ciencia necesaria,

Espíritu Santo, inspíranos la práctica de las virtudes,

Espíritu Santo, haz que perseveremos en la justicia, te rogamos óyenos.

Espíritu Santo, ven a renovar la faz de la tierra,

Espíritu Santo, derrama tus luces en nuestra inteligencia,

Espíritu Santo, graba tu ley en nuestros corazones,

Espíritu Santo, abrásanos en el fuego de tu amor,

Espíritu Santo, abre el tesoro de tus gracias,

Espíritu Santo, enséñanos a orar como se debe,

Espíritu Santo, ilumínanos con tus inspiraciones celestiales,

Espíritu Santo, concédenos la única ciencia necesaria,

Espíritu Santo, inspíranos la práctica de las virtudes,

Espíritu Santo, haz que perseveremos en la justicia,

Espíritu Santo, sé Tú mismo nuestra recompensa: derrama en nuestras almas los dones del Espíritu Santo, infúndenos el Espíritu de sabiduría y devoción.

V. *Ven, ¡oh Espíritu Santo! llena los corazones de tus hijos.*

R. *Y enciende en ellos el fuego de tu amor.*

ORACIÓN

¡Oh Dios! que con la luz del Espíritu Santo, enseñaste a los fieles la verdad, concédenos conocerla en el mismo Espíritu y gozar siempre de sus consuelos. Por Jesucristo Nuestro Señor. Amén.

ORACIÓN CONSAGRATORIA PARA TODOS LOS DÍAS.

¡Oh Espíritu Santo! Recibe la consagración perfecta y absoluta de todo mi ser. Dígnate ser en adelante, en cada uno de los instantes de mi vida y en cada una de mis acciones: mi director, mi Luz, mi Guía, mi Fuerza y el Amor de mi corazón. Yo me abandono sin reserva a tus operaciones divinas y quiero ser siempre dócil a tus inspiraciones. ¡Oh Espíritu Santo! Transfórmame con María y en María, en otro Cristo Jesús, para gloria del Padre y salvación del mundo. Amén.

EL ESPÍRITU DE DIOS

El Espíritu de Dios está sobre mí.

El Espíritu de Dios está sobre mí,

Porque Él me ha enviado

Para dar la buena noticia a los pobres

Y anunciar a los cautivos la libertad.

DÍA SEGUNDO

Comenzar rezando el Credo.

Padre de ternura y compasión, que sabes las dificultades en las que se realiza nuestra existencia, que conoces todos los peligros que nos asechan, que sabes lo que más nos conviene. Te pedimos envíes sobre nosotros la presencia de tu Santo Espíritu, de tal manera que no ejecutemos nada importante en nuestra vida, sin antes pedir su sapientísimo consejo.

Que sea este Divino Espíritu el que nos guíe continuamente hacia Ti, inspirándonos y manifestándonos la forma de agradarte con mayor perfección. Te lo pedimos Padre, por el amor que le tienes a tu Hijo, Jesucristo Nuestro Señor. Amén.

Padre Nuestro, Ave María, Gloria.

VEN, ESPÍRITU DE SANTIDAD

Ven Espíritu de santidad

Ven Espíritu de luz,

Ven Espíritu de fuego,

Ven abrázanos

Ven Espíritu del Padre,

se nuestra luz, derrama del cielo tu esplendor de gloria

DÍA TERCERO

Comenzar rezando el Credo.

Padre de las Misericordias divinas. Incendia nuestras vidas con el fuego inextinguible de tu divina caridad: tu Espíritu Santo. Que sea Él quien calcine nuestros egoísmos, quien doblegue nuestra soberbia y orgullo, quien acalle nuestros vanos deseos, quien dulcifique las penas y aliente la virtud, quien penetre nuestros corazones y los pacifique con su presencia amable, que es espiritual unción. Todo esto te lo pedimos, Padre, por el amor que le tienes a tu Hijo, tu Unigénito que vive y reina en la unidad del Espíritu Santo, por los siglos de los siglos. Amén.

Padre nuestro, Ave María, Gloria

VEN, ESPÍRITU DE DIOS

Ven Espíritu de Dios,

Ven a mi ser, ven a mi vida.

ESPÍRITU SANTO

SEPTENA

Septena del Espíritu Santo

Modo de practicarla

Hincado de rodillas y hecha la señal de la Cruz, dirás con todo el fervor posible, el siguiente

Acto de Contrición

Señor mío Jesucristo, Dios y hombre verdadero, criador y redentor mío, en quien creo, a quien amo y adoro, por ser vos quien sois: me pesa haberos ofendido. Propongo, con vuestra divina gracia, enmendar mi vida, y apartarme de las ocasiones de ofenderos, y espero en vuestra divina misericordia, que me habéis de perdonar. Amén.

Oración preparatoria

que se repetirá, todos los días

Dios eterno, que con los dones del Espíritu Santo comunicas a los fieles unas soberanas perfecciones, con que se disponen a seguir lo que es a *Ti* más agradable: concédenos, Señor, que ilustrados con sus divinos dones, asistan en nuestras almas la verdadera sabiduría contra la ignorancia: el entendimiento contra las ceguedades; el consejo, para refrenar las violencias; la fortaleza para quitar los temores; la ciencia, para evitar todos los males; la piedad, para ablandar nuestra dureza, y el temor santo para sujetar la soberbia; para que así adornados, sigamos en todo las divinas inspiraciones, que nos excitan al cumplimiento de vuestra santa ley, y nos encendamos en el fuego del divino amor. Amén.

Aquí se rezan siete Padre nuestros y Ave Marías con Gloria, y acabados se dirá la oración que corresponde a cada día.

Primer día

Meditación

El temor es un don del Espíritu Santo que imprime a nuestra alma un respeto hacia Dios, un grande miedo a sus juicios y un grande horror al pecado. Fácil es reconocer que este saludable temor es opuesto al orgullo, de que es remedio. ¿Qué hace el orgullo? Nos engríe, nos hace altaneros, nos conduce a la idolatría de nosotros mismos y nos vuelve presuntuosos; debilitando en nosotros el temor de Dios, nos hace accesibles a todos los demás temores.

Por el contrario, el don de temor nos hace pequeños en manos de Dios, humildes, modestos y benignos para con el prójimo, no dejándonos temer más que a Dios solo, nos libera del temor mundano, que con frecuencia nos compele a ofender a Dios, prefiriéndolo a perder nuestra fortuna, nuestros empleos o nuestro dinero; del temor carnal que nos hace caer en el pecado para evitar las incomodidades, las enfermedades y la muerte; del temor servil que nos hace tristes esclavos de Sinaí, en vez de ser los gozosos hijos del Calvario: en fin, arregla el temor natural, es decir, la timidez, la pusilanimidad, la vergüenza, la cobardía y da al cristiano ese enorme carácter de independencia que le hace el rey del mundo, permitiéndole decir con verdad: "Temo a Dios y no tengo ningún otro temor".

Oración

Dios inmenso, y amoroso Padre de las almas, humildemente rendidos ofrecemos a vuestra soberana majestad estos siete Padre nuestros y Ave Marías, en reverencia de los siete dones con que el Espíritu Santo adorna las almas de los fieles; y os suplicamos, que nuestros pechos. sean digna morada de sus favores, y en especial nos comunique el soberano don del temor, para que consigamos con él multiplicados bienes, enmendemos culpas pasadas, nos enseñemos a obrar bien con perseverancia, procuremos usar la misericordia, nuestros ruegos sean oídos, la salud se nos confirme para emplearla en vuestro santo servicio, y alcanzadnos el santo temor, la eterna gloria, donde esperamos alabaros, por los méritos de nuestro Señor Jesucristo tu Hijo Unigénito, que contigo vive y reina en unidad del Espíritu Santo, Dios por todos los siglos de los siglos. Amén.

SEGUNDO DÍA

Como como el primero y después la siguiente

MEDITACIÓN

La piedad es un don del Espíritu Santo que nos hace tributar a Dios un culto filial. El don de piedad es opuesto a la envidia de que es remedio. ¿Qué hace la envidia? Obstina, degrada, endurece el corazón; le hace malo e injusto, le llama del demonio y de Caín, y le inclina a todas las iniquidades del egoísmo que no es más que el odio a los demás.

La piedad, por el contrario, comunica al corazón un delicioso sentimiento de afecto que le ennoblece, le enternece, le dilata y le hace respetuosamente filial para con Dios y todo lo que pertenece a Dios; su Iglesia, su palabra, sus templos sus Sacerdotes, sus miembros que padecen y que le hacen prodigar a todos los hombres el amor de un hermano y la compasión de un amigo.

ORACIÓN

Omnipotente y misericordiosísimo Dios, que nunca dejas de favorecer a los hombres con repetidos auxilios, concédenos a los que celebramos el beneficio de la venida del Espíritu Santo, que seamos llenos de sus ilustraciones, y especialmente este día, nos participe el benigno don de la piedad, para que con él seamos movidos por el mismo Espíritu Santo, no solo a tributaros el debido afecto filial que os debemos, sino que también seamos elevados a ejercitarla en Vos con nosotros y nuestros prójimos, apartando la mucha solicitud de las cosas temporales, teniendo miseración de nuestras almas en el acertado gobierno de las conciencias, procurando el mayor bien y consuelo de nuestros prójimos; para que así gobernados, merezcamos en todas nuestras acciones agradar a vuestra divina majestad. Amén.

TERCER DÍA

MEDITACIÓN

La ciencia es un don del Espíritu Santo que nos da un conocimiento cierto de las verdades de la religión y nos inclina a hacer un uso santo de los conocimientos humanos. El don de ciencia es opuesto a la cólera de que es remedio. ¿Qué hace la ira? Ciega, y esto es tan cierto, que todas las lenguas la han dado el nombre de ciega; impide al hombre racional ver la luz de la verdad, discernir lo verdadero de lo falso, lo que es verdadera y gravemente malo, de lo que no lo es más que levemente y en apariencia, y solo deja en el rostro las señales de la insensatez o de un animal furioso.

La ciencia, por el contrario, ilumina al alma, y haciéndonos apreciar justamente las cosas, nos impide irritarnos por unos males que no merecen la pena: nos da la candidez de la paloma y la prudencia de la serpiente; nos pone en. guardia contra la ciencia puramente humana, o al menos la ennoblece, y forma en las almas esa firmeza de vista, esa rectitud de juicio y ese buen sentido práctico, tan victorioso y desgraciadamente tan raro en el día.

ORACIÓN

¡Oh Dios amantísimo de las almas! que en el día de Pentecostés ilustrasteis los pechos de los apóstoles con verdadera ciencia y doctrina: concédenos el afecto piadoso de nuestra súplica, que nuestros corazones sean ilustrados con el don de la ciencia del divino Espíritu, para que con ella consigamos el claro conocimiento de tus divinas perfecciones, el desengaño de nuestras miserias, y la conmiseración de las de nuestros hermanos; y juntamente se aclaren nuestros ánimos para discernir las cosas que deben creer, que con esta luz anhelaremos a conseguir aquel verdadero conocimiento de la divina esencia, como es en sí en que consiste la bienaventuranza, que mereció para nosotros nuestro Señor Jesucristo que contigo vive y reina en unidad del mismo Espíritu Santo, Dios por todos los siglos de los siglos. Amén.

CUARTO DÍA

MEDITACIÓN

La fortaleza es un don del Espíritu Santo, que elevándonos sobre nuestra debilidad natural, nos hace ejecutar grandes cosas para con Dios y el prójimo, y vencer los obstáculos que se oponen al cumplimiento de nuestros deberes. El don de fortaleza es opuesto a la pereza, de que es remedio. ¿Qué hace la pereza? Enerva el alma, la encadena en los lazos de las pasiones y la adormece en la inmundicia del pecado, la hace incapaz de todo bien y capaz de todo mal, porque la ociosidad es madre de todos los vicios. La fortaleza, por el contrario, da vigor al alma y a todas sus potencias; nos hace emprender con valor y continuar con perseverancia cosas grandes para Dios, el prójimo y nosotros mismos, como lo vemos en nuestro Señor, en los apóstoles, en los santos mártires y en los misioneros; nos hace rechazar con indignación los estímulos de la carne y del demonio, los escándalos y las máximas del mundo, despreciar el respeto humano, sufrir con dulce y tranquila resolución las enfermedades del cuerpo y las penalidades del alma, los contratiempos, los reveses de la fortuna, la muerte de nuestros allegados y la nuestra misma.

Tales son los siete grandes remedios que el Espíritu Santo aplica a nuestras almas para curarlas de las siete grandes heridas que el pecado les ha hecho; o más bien, tales son las siete potencias con que el Espíritu Santo viene en nuestro auxilio para combatir las siete potencias enemigas que nos atacan.

Oración

Soberano Dios, criador de todas las cosas, en quien está toda la bondad firmeza y rectitud, conociendo la poca subsistencia de las humanas fuerzas, rendidos te suplicamos, que para la perseverancia en el bien obrar, nos concedáis benigno el sagrado don de la fortaleza, con que el divino Espíritu se dignó de consolar los ánimos y fe de los apóstoles, para que adornados de su virtud, se aliente nuestro ánimo a reprimir los deseos terrenos, y a no temblar de las adversidades mundanas y diabólicas asechanzas; antes sí, nos movamos por el Espíritu divino, a esperar que nuestras obras buenas tengan aquel fin que deseamos, que es agradaros en todo y por todo, ahora y en toda la eternidad. Amén.

Quinto día

Meditación

El consejo es un don del Espíritu Santo que nos hace descubrir el camino del Cielo y adoptar los medios más propios para marchar por él con seguridad: el don de consejo es opuesto a la avaricia, de que es remedio.

¿Qué hace la avaricia? Falsea nuestro entendimiento, haciéndonos preferir lo menos a lo más; nos ciega y ofusca hasta el punto de hacernos sacrificar los bienes eternos a los bienes temporales; buscar nuestro Dios en el oro, nuestra felicidad sobre la tierra, y consumirnos edificando castillos de naipes, y construyendo telas de araña.

El don de consejo, por el contrario, da rectitud al entendimiento, haciéndola nos preferir lo más a lo menos: nos hace ver con una evidencia particular, que los bienes del tiempo son indignos de un alma inmortal; que, en vez de ser un medio, suelen ser un obstáculo para la salvación; que en nuestros cálculos debemos preferir siempre los bienes eternos, y no buscar nuestro Dios en la tierra, ni la felicidad en las riquezas. Desprendiendo el alma de todas las preocupaciones materiales, la da una grande seguridad de vista para juzgar sanamente y para decidirse y decidir a los demás en sus dudas.

En fin, ennoblece el corazón librándole de la tiranía de la avaricia, que en el idioma de todos los pueblos se llama baja y sórdida.

Oración

Dios omnipotente y Señor de todas las criaturas, luz soberana de los bienaventurados: os rendimos ante vuestra divina presencia, os suplicamos nos concedáis el sagrado don de consejo, que es aquella claridad comunicada por el Espíritu Santo para resolver las más oscuras dificultades, emprender los caminos arduos de la virtud, para que guiados de tanto resplandor, todas nuestras acciones vengan de vuestra majestad gobernadas, y especialmente como efecto de tan eminente don, se apague en nosotros el apetito desordenado de las cosas terrenas, aprendiendo solo a buscar las del Cielo, que satisfacen: que de esta suerte instituidos, perseveremos en la guarda de los santos mandamientos hasta alabaros eternamente en la gloria. Amén.

Sexto día

Meditación

El entendimiento es un don del Espíritu Santo que nos hace prender, en cuanto le es dado a una inteligencia limitada las verdades de la religión; el don del entendimiento es opuesto a la gula de que es remedio. ¿Qué hace la gula? Tiende a hacer predominar la vida física sobre la vida moral y hacer al alma esclava del cuerpo; llena de pesadez al alma, y la hace inhábil para el estudio: embota el entendimiento y le hace perezoso; aparta de él la verdadera luz y le impide comprender las cosas del orden espiritual.

Esto se ve en el día en grande escala. Desde que domina en la sociedad el gusto a las cosas materiales, la inteligencia de las verdades de orden superior baja visiblemente. Por el contrario, el don de entendimiento hace que el alma predomine sobre el cuerpo é inclina a la sobriedad, virtud necesaria a todos los hombres que se dedican al estudio: nos da una grande penetración para comprender la Sagrada Escritura, los sermones y la explicación de las verdades de la religión: nos muestra la debilidad de las objeciones de los herejes e impíos, y por ese medio fortalece y salva nuestra fe que es el más precioso de todos los tesoros.

Oración

¡Oh Dios infinitamente bueno! lumbrera sagrada de los corazones, vida eterna de las almas; infunde en nosotros el don de entendimiento para las mejoras de nuestra vida, y para que por él nos enseñe el divino Espíritu a conoceros en las criaturas, como obras maravillosas de vuestras manos, y a saber agradecer los infinitos beneficios que cada instante recibimos de vuestra misericordia, quedando impresa en nosotros la verdadera luz del entendimiento que nos guíe y eleve a contemplar las verdades divinas, a que no podemos llegar por la virtud natural limitada; solo sí, ayudados de tan celestial favor, podremos esperar ser conducidos a meditar lo admirable de tu soberanía en los alcázares de la gloria. Amén.

SÉPTIMO DÍA

MEDITACIÓN

La sabiduría es un don del Espíritu Santo, que nos hace conocer y gustar de las cosas de Dios, es decir a Dios mismo, y todo cuanto conduce a poseerle.

El don de la sabiduría es opuesto a la lujuria de la que es remedio. ¿Qué hace la lujuria? Esparce yo no sé qué encanto pérfido en los placeres de los sentidos, a los cuales nos impele, y en los que nos hace buscar la felicidad; hace al alma esclava del cuerpo, oscurece el entendimiento, endurece el corazón y rebaja al hombre al nivel de las bestias.

El don de la sabiduría hace, por el contrario, desagradables los placeres de los sentidos y esparciendo cierta suavidad sobre los bienes de un orden superior, nos hace apetecible todo lo digno de un alma inmortal; emancipa el corazón del imperio de los sentidos y nos eleva al nivel de los ángeles, de cuyas inclinaciones y alegrías nos hace participar. No solo nos liberta de la sabiduría animal, sino que arregla la sabiduría natural; es decir, que no nos permite gustar de los placeres de acá abajo, sino en justos límites.

ORACIÓN

Señor del Cielo y Tierra, en cuya sagrada dignación tienen nuestros pobres méritos algún valor para que os agradéis, y sean aceptables, humildemente rendidos ante vuestro divino acatamiento, os suplicamos en este último día nos concedáis propicio el don de la sabiduría, con el cual el Espíritu Santo nos comunique la noticia de las cosas celestiales y divinas, para que solo busquemos las felicidades verdaderas de la patria, negándonos a las de la Tierra.

Y por fin, amantísimo Dios, os pedimos que las cortas oraciones y ruegos de los días antecedentes y de este, sean llevados a vuestra presencia, por mano de los siete Príncipes asistentes al divino trono, para que nuestras súplicas tengan el efecto que deseamos en esta septena, y en especial el que vuestra majestad asista a su Iglesia católica, comunique paz a los príncipes cristianos, destruya todas las herejías, y a todos los presentes nos asista con sus auxilios, para que evitando los vicios, nos determinemos a conservar la gracia, para iros después de la muerte a gozar por toda la eternidad en la Gloria. Amén.

ORACIÓN AL ESPÍRITU SANTO

¡Oh Espíritu santísimo, consuelo de las almas! ¡Oh amor divino suavidad del Padre y del Hijo, que bajando sobre los apóstoles, derramaste en ellos tus divinos dones; ven sobre mi corazón y llénale de tu amor y gracia; ven, ¡oh Padre de los pobres! y envíanos desde el Cielo, el rayo de tu luz: ven, dador de las lumbres y lumbre de los corazones: ven, consolador amoroso: ven, dulce esposo: ven, refrigerio del alma: ven, fortaleza de los flacos, remedio de los caídos: ven, descanso de los trabajadores: ven, alivio de los que lloran: ven, maestro de los humildes: ven, dulcísimo amor y abrasa mi corazón con el fuego de caridad para que cuanto soy y valgo me emplee en tu servicio y te ame con todo mi corazón y mi alma, con todo mi entendimiento y mi voluntad, con todos mis sentidos, mis fuerzas y potencias; para que ni haga, ni quiera, ni piense cosa que no sea para gloria tuya, del Padre y del Hijo con quien reinas. Amén.

HACIMIENTO DE GRACIAS

Gracias te doy, amantísimo Señor mío Jesucristo, por cuantos beneficios algún tiempo hiciste, y has de hacer a otros de cualesquiera de los hombres. Te doy gracias porque de pura caridad me diste el cuerpo y el alma; y en cuanto a ésta me hiciste a tu imagen y semejanza.

Te doy gracias, porque me trajiste al sagrado bautismo y al conocimiento de la verdadera fe católica. Te doy gracias, porque viviendo tan mal me sufriste con paciencia y me volviste a ti. Te doy gracias, porque con tanta clemencia me perdonaste tan innumerables pecados, con que tantas veces tuve merecidos los tormentos del infierno. Te doy gracias, porque no cesas cada momento de hacerme beneficios, y en todas las cosas deseas llevar mi salvación.

Te doy gracias, por todas las tribulaciones, angustias, aflicciones y penas que hasta ahora permitiste que me viniesen, las que ofrezco en alabanza eterna en unión de tu venerable pasión. Te doy gracias, por tu encarnación, nacimiento y por tu pequeñez y demás edades que viviste en este mundo: por tus trabajos y aflicciones, por tu pasión y muerte, resurrección y ascensión.

Te doy gracias, por la institución de la venerable y sacrosanta Eucaristía, en la cual te nos diste a ti mismo.

Habed misericordia de mí, conforme a la multitud de vuestras misericordias. Limpiadme, os suplico de todos mis pecados y negligencias. Adornad mi pobre alma con vuestros merecimientos y virtudes, para que os agrade. Amén.

VERSIÓN DE LA SECUENCIA
DE LA PASCUA DE PENTECOSTÉS

Ven, Paráclito santo,

y el rayo celestial a nos envía:

en tu solemne día ven,

Padre de los pobres sacrosanto;

ven con tus almos dones:

ven, oh lumbre, a inflamar los corazones.

Dulcísimo consuelo,

que en el alma del hombre te aposentas,

tú eres quien lo alientas;

tú aliviando el trabajo y duro anhelo

templas su estío ardoroso;

tú le enjugas el rostro lacrimoso.

Luz bienaventurada,

hinche de tu fulgor los pechos fieles:

fuerza es que de ellos celes,

porque sin ti buen Dios, el hombre es nada:

sin ti no hay inocencia,

todo es culpa y maldad sin tu presencia.

Las manchas renegridas lava, Señor,

que les echó el pecado:

riega el árido prado

en que gimen, y sana sus heridas:

ablanda su dureza,

dales calor, sus pasos endereza.

A tus adoradores que en ti ponen,

gran Dios, toda confianza,

con plácida bonanza

lluevan sin fin tus gracias superiores:

virtudes en el suelo

dales, y eterno gozo allá en el Cielo.

V. Enviad vuestro Espíritu y se crearán.

R. Y se renovará el semblante de la Tierra.

OREMOS

¡Oh Dios, que enseñaste a los corazones de los fieles con la ilustración del Espíritu Santo! Concédenos saber lo bueno en el mismo espíritu, y alégranos siempre con su consolación, por Jesucristo Nuestro Señor. Amén.

ESPÍRITU SANTO

NOVENA

NOVENA DEL ESPÍRITU SANTO
PARA CUALQUIER TIEMPO DEL AÑO
*Acto de contrición, ofrecimiento, himno
y oración para todos los días*

Creo en Dios Padre, mi Creador; creo en Dios Hijo, mi Redentor; creo en Dios Espíritu Santo, mi Salvador: tres personas distintas y un solo Dios verdadero: en Él espero como verdad infalible en sus promesas; a Él amo como a la suma bondad, más que a todas las cosas y criaturas, y me pesa de todo mi corazón de haberle ofendido; no sólo por ser tan bueno, sino también por su Justicia y por el temor del infierno y de perder el cielo.

Así ofrezco a mi Dios todo cuanto en mi vida hiciere y padeciere en satisfacción de mis culpas. A Vos, ¡oh Espíritu Santo! dispensador de todas las gracias, una os pido ahora en particular, que es: la de hacer como debo y quiero esta santa novena, que a honra y gloria vuestra dedico, a la de la Augustísima Trinidad y de vuestra divina Esposa, la Inmaculada Virgen María, y pido en ella el aumento de vuestro culto.

Por la intención del Romano Pontífice, por su salud y prosperidad y por la de los demás Obispos, sacerdotes y fieles.

Por el triunfo de la fe católica, conversión de los infieles, herejes y pecadores.

Por la salud de los enfermos, redención de los cautivos, alivio de las almas del purgatorio y por el bien espiritual y temporal de todos mis deudos, bienhechores, amigos y enemigos; por la prosperidad y acierto de los gobernantes y por todos los demás fines que pide la Santa Iglesia. Amén.

SECUENCIA

HIMNO SAGRADO[1]

Venid, ¡oh Santo Espíritu!

y desde el cielo enviadnos,

con su fulgor espléndido un rayo abrasador.

¡Oh Padre de los míseros!

dispensador de bienes,

venid, y vuestras ráfagas den luz al corazón.

Consolador magnánimo,

del alma dulce huésped,

sed Vos el refrigerio

que calme nuestro afán.

En las fatigas hórridas

Vos sois nuestro descanso,

templáis las estaciones

y el llanto mitigáis.

¡Oh luz del cielo fúlgida!

llenad los corazones

de vuestros fieles siervos con vivo resplandor.

Sin Vos ni somos átomos,

el hombre es ser impuro,

y nada en él existe si no viene de Vos.

---

[1] Himno que podrá rezarse todos los días, o suprimirse a voluntad.

Regad todo lo árido,

purificad las manchas

y aquello que está enfermo, sanad, Señor, sanad.

Doblad todo lo rígido,

calor dad a los hielos,

y lo que está desviado dignaos enderezar.

A vuestros fieles súbditos,

que en vos tienen confianza,

el sacro septenario de vuestros dones dad.

De la virtud el mérito,

de la salud la gracia,

de Vos tengamos todos, y el goce perennal.

Amén.

En tiempo pascual: ¡Aleluya!

Venid, Espíritu Santo,

llenad los corazones de vuestro amor.

Enviad, ¡oh Señor!,

vuestro Espíritu y renovaréis la faz de la tierra.

ORACIÓN

¡Oh Dios, que habéis iluminado e instruido el corazón de los fieles con la luz del Espíritu Santo, haced, Señor, que en el mismo Espíritu sepamos siempre apreciar el bien y ser llenos de vuestros consuelos divinos, por Cristo Nuestro Señor. Amén.

CONSIDERACIÓN PARA EL PRIMER DÍA

Venid, Padre de los pobres

PUNTO PRIMERO

Considera, alma piadosa, la tierna expresión de Padre con la que hoy invocamos a Dios Espíritu Santo. No hay atributo, dice un gran santo, que mejor corresponda a la bondad de Dios, que el llamarle Padre.

Por eso, al dictarnos nuestro divino Maestro, la oración dominical, que es la más sublime que conocemos, comenzó por la palabra Padre, diciendo: PADRE NUESTRO QUE ESTÁS EN LOS CIELOS, etc. etc.

Así también, cuando Jesús, salud y vida nuestra, nos quiso dar a comprender la suma bondad y misericordia de Dios para con el pecador arrepentido, nos trazó la parábola del Hijo Pródigo. ¡Padre!, le dijo aquél: *pequé delante del cielo y contra ti...* y al instante le abrazó su padre, le vistió de gala y le dispuso un convite. ¡Ah! cuántos favores alcanzaría yo del Espíritu Santo, si lo invocara con fervor, con afecto de hijo y con un ¡pequé de corazón!

PUNTO SEGUNDO

Considera luego, cómo la Santa Madre Iglesia invoca al Espíritu Santo con el título de PADRE DE LOS POBRES. Y en efecto: Dios Espíritu Santo es el Padre de los pobres pecadores: pobres de méritos, pobres de virtudes y miserables como yo. Pero mía es en verdad la culpa. Dios Espíritu Santo me había enriquecido con sus siete dones cuando recibí el Santo Bautismo, la Confirmación y otros sacramentos que me administró la Iglesia; más todo lo he perdido por el pecado, me he desterrado a tierra extraña y entre enemigos, que me han despojado, dejándome más andrajoso, pobre y miserable, que lo que otro tiempo, al Hijo Pródigo.

PUNTO TERCERO

Considera, en tercer lugar, cómo el Espíritu Santo es la síntesis del amor divino, puesto que procede del amor mutuo entre Dios Padre y Dios Hijo. Así es que no hay amor comparable con el amor del Espíritu Santo para con sus devotos, ya justos, ya pecadores arrepentidos: procura, pues, corresponderle de igual modo, volviendo amor por amor, que es el lema de los que deveras se aman, y corrígete por amor suyo, hasta de las faltas más leves.

ORACIÓN

¡Oh Dios Espíritu Santo! el más rico y bondadoso padre del hijo más ingrato y necesitado: yo soy aquel hijo sin entrañas, que desprecié vuestros dones y malversé la gracia que de Vos recibí en el Santo Bautismo. Yo desprecié vuestras caricias, desoí vuestras inspiraciones, me afilié en el bando de vuestros contrarios, y me he hecho indigno de vuestro amor.

Pero vuelvo arrepentido, y aquí me tenéis a vuestros pies implorando el perdón de todas mis culpas. ¡Perdonadme, Padre mío! y derramad sobre mí la luz de vuestros dones para que conozca mis yerros, haga penitencia y no me aparte jamás de Vos. Amén.

Se rezarán aquí tres Padrenuestros y Ave Marías, en honor de la Santísima Trinidad, y tres veces Santo, Santo, Santo y divino Espíritu, Dios Inmortal. Y se responderá: Líbranos siempre de todo mal.

ORACIÓN A MARÍA SANTÍSIMA

¡Oh dulcísima María! Esposa del Espíritu Santo; Hija del Padre y Madre del Hijo, Peina soberana de los ángeles y de los hombres, que siendo concebida en gracia y enriquecida con los dones de vuestro divino esposo, concebisteis a nuestro Redentor Jesucristo: os suplicamos que nos alcancéis el don de Sabiduría y el santo temor de Dios para que nunca le ofendamos, nos arrepintamos de nuestras culpas y le sirvamos fielmente hasta la hora postrera. Amén.

Se reza una Salve, tres Ave Marías y Gloria.

JACULATORIA

V.—¡Oh María concebida sin pecado!

R.—¡Rogad por nosotros que recurrimos a Vos!

SEGUNDO DÍA

Acto de contrición, ofrecimiento, himno

y oración como el primer día.

Venid, Dispensador de dones

PUNTO PRIMERO

Considera, cristiano carísimo, como el Espíritu Santo, compadecido de la caída de nuestros primeros padres y de las miserias ocasionadas por ella a todo el género humano, coopera eficazmente a la creación de la segunda Eva, madre y guía de los mortales, que ha vencido a la serpiente; le aplastó su cabeza, y confundió el poder y astucia del ángel de las tinieblas.

Pondérese aquí el don de tan inmenso valor que ese divino Espíritu nos prepara, y cuán grande sea la dicha de los hijos de la nueva Eva y los poderosos motivos que a todo cristiano obligan a tributar gracias, culto y homenaje a la tercera persona de la Trinidad Beatísima.

PUNTO SEGUNDO

Al considerar la magnitud del beneficio que recibimos conviene también ponderar la suma bondad y grandeza de aquél de quien se recibe los motivos que le mueven a concederlo.

Así el Espíritu Santo es la misma grandeza de Dios, la bondad por excelencia e igual en todo al Padre y al Hijo, de quienes procede, según la fe. Y siendo Dios Trino, todo caridad, según el apóstol San Juan, ésta se derrama sobre nosotros por el mismo divino Espíritu, según nos dice San Basilio: TODO CUANTO POSEEN LAS CRIATURAS DEL CIELO Y DE LA TIERRA EN EL ORDEN NATURAL Y DE LA GRACIA LES VIENE DEL ESPÍRITU SANTO.

Altísimo don de Dios, lo titula la Santa Madre Iglesia. Y así como Él procede del Padre y del Hijo por amor, por el mismo atributo derrama sobre nosotros, el divino Espíritu, todas las gracias que recibimos, comenzando por enviarnos a la segunda Eva, María Santísima amparo, consuelo y Madre de todos nosotros.

PUNTO TERCERO

Considera, lector carísimo, cómo y de qué manera el Espíritu vivificador, riega y fecundiza los campos yermos y estériles de nuestras almas, restaurándolas a la vida de la gracia por medio de los Santos Sacramentos, y las convierte en vergeles divinos y templos de sí mismo.

Pondera como esos siete dones, de que nos habla Isaías, han fecundado toda la tierra a manera de caudalosos ríos, como aquellos que regaban el Paraíso, durante la inocencia de nuestros primeros padres. ¿Cuántas almas subieron al Cielo, que en este mundo practicaron virtudes de todo género, desde los patriarcas y profetas de la antigua ley hasta los mártires, vírgenes y confesores de la ley de gracia? Lee y relee las crónicas de los justos, la vida de los santos y los triunfos de los mártires en toda la redondez del globo, para que más y más comprendas el influjo del divino Espíritu, lo ames, le sirvas y le veneres como Dios dispensador de todos los dones.

ORACIÓN

¡Oh Dios Espíritu Santo fuente de todas las gracias y centro del amor divino! Mil veces me confundo al considerar mi extremada miseria, necedad y tibieza. Siendo Vos tan rico y generoso, yo me olvido de Vos y perezco en la inercia, tedio y pobreza de las virtudes. ¡Ah! cuán diferente, Dios mío, fue la conducta de los santos y santas que escalaron el Paraíso, siendo de la misma naturaleza que yo, y quizá tuvieron que vencer mayores obstáculos para salvarse.

No, divino Espíritu, no permitáis que, se pierda mi alma. Concededme, os ruego, la gracia de vuestros dones: y un amor eterno hacia Vos y hacia vuestra divina Esposa, la Virgen María, para que, valido de vuestro divino auxilio, os sirva como los santos y os vea y posea eternamente. Amén.

Se rezarán tres Padres Nuestros, etc., etc., como el primer día.

ORACIÓN A MARÍA SANTÍSIMA.

Sacratísima Virgen y Madre mía María: yo, la más vil, ingrata y necia de todas las criaturas, quiero en este día hacer un pacto con Vos. Desde que el Espíritu Santo os eligió para ser el terror del infierno, segunda Eva y Madre del género humano, creo firmemente que Vos sois la Reina más poderosa del Universo y la abogada más portentosa de los mortales. Quiero pues, de hoy en adelante, ser vuestro en el tiempo y en la eternidad: y que Vos seáis mi Madre, mi Reina y Soberana, después de Dios. Os lego así mi alma, vida y corazón, únicas prendas que poseo. Alcanzadme de Vuestro divino Esposo la gracia que necesito para cumpliros mis promesas y seros fiel hasta la muerte. Amén.

Se reza una Salve, tres Ave Marías y jaculatoria como el primer día.

TERCER DÍA

Acto de contrición como el primer día

Venid luz de los corazones

PUNTO PRIMERO

Considera, alma mía, como el divino Espíritu es luz de los corazones. Él es quien, con los rayos de celestial luz ilumina no sólo nuestra vida sensible, como al pueblo hebreo a la salida de Egipto: sino que ilumina principalmente, la vista del alma, de nuestro entendimiento oscurecido por el pecado. ¿Qué sería del género humano, que, tan a menudo, rodeado de la densa noche de nuestras pasiones, navega entre las encrespadas olas del piélago proceloso de nuestra vida, sembrado de escollos, si no fuera por la mística luz del Espíritu Santo, que nos guía y advierte los peligros?

Seguro, nos pasaría lo que al Apóstol San Pablo, cuando perseguía a los fieles de Cristo, por el camino de Damasco; o lo que a San Agustín cuando pecador: nos precipitaríamos a mil abismos que nos preparan el mundo, el demonio, y la carne.

¡Considera cuán distinta fue la conducta de los santos, iluminados con la luz del Espíritu Santo! Y ¿quién, en toda la creación, será tan sabio como lo fueron ellos?

PUNTO SEGUNDO

Pondera luego, cuán grandes desatinos cometen los hombres sin la luz divina, y atenidos sólo a la razón, viciada ésta y ciega por las pasiones sin freno. Causa espanto ver, como unos deifican la misma razón humana, otros a la naturaleza insensible, a los ídolos, al mismo Satanás; otros dudan de todo, se desesperan, pierden el juicio o se dan la muerte con el tósigo o con un dardo mortal.

¡Jesús bendito! a qué abismo de horrores se precipita el desgraciado, que fía en su vana sabiduría y sin la luz sobrenatural. ¡Qué tempestad tan desecha de males infinitos se le espera al infeliz, que así vive y así muere! Esa vana presunción, esa obstinación y soberbia, son a menudo, pecados enormes contra el Espíritu Santo, que, sin un previo y eficaz arrepentimiento, no se perdonan en esta ni en la otra vida, como dice San Marcos en su Evangelio.

PUNTO TERCERO

Considera, en tercer lugar, cuál sea la eficacia de la luz del Espíritu Santo y los maravillosos efectos que su divino influjo causa como en los doce Apóstoles; que, siendo hombres tan rudos y tan tardíos en entender el lenguaje de Jesucristo, tan pronto como les tocó un rayo divino del Espíritu Santo alcanzaron el don de lenguas y de sabiduría en tan alto grado, que parecieron oráculos de la deidad, y admiraban al mundo con su elocuencia prodigiosa, y exponiendo el sentido de las Santas Escrituras con tal facilidad y acierto que confundían a los sabios de la Sinagoga y a los filósofos de aquel tiempo.

Pondera bien el cambio tan asombroso que experimentaron ellos; antes tan rudos: ahora tan elocuentes; antes tan cobardes; ahora tan esforzados; antes tan tibios y débiles en la fe; ahora desafían a los tiranos y sellan con el martirio las verdades que predican por todo el mundo. Pídele pues, al divino Paráclito, que derrame sobre tu alma un rayo de luz celestial.

ORACIÓN

¡Oh divina luz de los corazones y médico sapientísimo de nuestras almas! derramad sobre mí un rayo de esa luz celestial y en el acto alcanzaré la verdadera sabiduría, adquiriré la virtud de la fortaleza en los trabajos y la constancia en el bien obrar; hollaré los respetos humanos, emprenderé impávido la senda de mi salvación, cueste lo que costare, y triunfaré de los engaños y sutilezas de la humana sabiduría para alcanzar la de los santos y santas que moran en el cielo. Amén.

Se rezan tres Padrenuestros como en el primer día.

ORACIÓN A MARÍA SANTÍSIMA

¡Virgen Santísima, tierna madre mía, refugio de pecadores arrepentidos y trono de la sabiduría! alcanzadme de vuestro divino Esposo un rayo de aquella luz que ilumina, fortalece y da la gracia para el bien obrar. Pedídselo Vos, madre mía, Judith venturosa, Raquel hermosa, divina Esther; y lo lograré de seguro.

Yo, rodeado de tosquedad, rudeza y miseria no sé cómo ni lo que debo pedir; siendo Vos la única y predilecta Esposa del divino Asuero lograréis cuanto quisiereis en favor mío. Ea pues, mostrad que sois mi madre, que así os lo pide vuestro hijo. Amén.

Se reza la Salve como el primer día.

CUARTO DÍA

Acto de contrición como el primer día

¡Oh! consolador óptimo

PUNTO PRIMERO

Considera, alma devota del divino Espíritu, como en Él hallamos nuestro mayor consuelo. Cuando perdemos la paz del espíritu, bien porque carecemos de alguna virtud cardinal, o porque nos domina alguno de los vicios capitales, turbada nuestra alma por negra pesadumbre, busca consuelo y no lo halla. Lo busca en los pasatiempos mundanos, en la falsa amistad, en las tertulias y frivolidades, pasadas las cuales se queda ella aún más perpleja y desolada, o tal vez, más lejos de Dios.

Nuestras inquietudes nacen también, a veces, de nuestra poca fe y desmayamos luego cuando Dios nos prueba, privándonos por algún tiempo de aquello que más anhela nuestro amor sensible: así como privó a Job de sus hijos y salud corporal; a Tobías de la vista y a Abraham de su hijo Isaac. Mas la fe de aquellos patriarcas, no sólo les consoló luego, sino que aquella pasajera vicisitud se convirtió en mayor gozo y alegría y les atrajo del cielo mayor número de mejores bienes.

PUNTO SEGUNDO

Isaías llama Espíritus a los dones del divino Consolador; y Santo Tomás les titula, soplo de siete formas, que mueve y atrae todas las virtudes. De la misma manera se expresa San Antonio cuando dice: el espíritu de temor echa al de soberbia; el de piedad al de envidia: el de ciencia al de ira: el de consejo al de codicia: el de fortaleza vence al de pereza: el de inteligencia modera la gula y el de sabiduría refrena la lujuria.

Considera, bien, cristiano, cómo estos espíritus viciosos, son, comúnmente, la causa de nuestro tedio, de nuestros remordimientos y de las congojas de nuestras pobrecitas almas: y que sólo hallamos consuelo y socorro invocando fervorosamente a los espíritus del bien, que son los dones del Espíritu Santo, el que nos conforta, en Él lo podemos todo, como nos dice el Apóstol San Pablo. Y ¿quién pasó tantas tribulaciones por mar y tierra como ese santo que así nos habla?

PUNTO TERCERO

Considera, en tercer lugar, cuán a menudo nos confundimos, los hijos de Eva, al obstinarnos en seguir el impulso de la propia voluntad. La voz del divino Espíritu y el ángel de nuestra guarda nos amonestan interiormente a fin de que nos abstengamos de gustar las frutas prohibidas, esto es: los goces ilícitos, el rencor, la murmuración, el orgullo, la vanidad y la vanagloria: más nosotros no cesamos de mirarlas, dando oídos al tentador y acallando la voz de la conciencia: resultado, que comemos aquellas frutas y participamos de ellas a los demás.

Pero pronto experimentamos la desnudez de la gracia, quedamos turbados, tristes y pesarosos. Muy diferente es, por cierto, la norma de las almas justas y que temen a Dios: renuncian, desde luego, la voluntad propia: se miran como inferiores a los demás, cierran las puertas a los sentidos y moderan los ímpetus de las pasiones, invocando la presencia de Dios y la Gracia del Espíritu Santo.

¿Por qué, pues, no he de hacer lo mismo que las almas buenas, que me sirven de ejemplo y viven en paz aún en medio de las borrascas?

ORACIÓN

¡Oh Espíritu consolador! Heme aquí, triste y desconsolada mi alma. Busco la paz entre las criaturas y no la hallo, entre las diversiones de los mundanos y bienes terrenos y tampoco la alcanzo, porque veo que todo pasa como la sombra y que todo lo he de dejar.

¡Ah, cuán necio soy, triste de mí, y falto de entendimiento! Pero, Señor, os diré con San Pablo ¿qué queréis que yo haga, tan falto de virtudes como ciego del alma? El bien que quiero hacer no lo hago, ni evito el mal que evitar quisiera porque mi propia voluntad me desvía de la senda que vos, Señor, me habéis trazado y sigo por otra llena de escollos y precipicios y por donde los espíritus del mal me asaltan a cada paso.

¿Quién, pues, me abrirá los ojos, me dará la gracia y la paz en mi alma? ¡Vos, oh Espíritu consolador! Vos podéis concederme ese gran beneficio. Hacedlo, pues, así os lo ruego por intercesión de vuestra divina Esposa: iluminad mi entendimiento, guiad mi alma para que yo haga siempre vuestra divina voluntad y no la mía y así hallaré la paz. Amén.

Se rezan tres Padrenuestros, etc., etc., como el primer día.

ORACIÓN A MARÍA SANTÍSIMA

¡Virgen, Madre y Reina mía! Miradme a vuestras plantas como el hijo más triste y desconsolado; obstinado en hacer mi propia voluntad y terco en mis caprichos, he perdido la paz de mi alma y no hallo tranquilidad. A Vos acudo, que sois el consuelo del afligido. Alcanzadme de vuestro divino Esposo la gracia de los siete dones, en particular el de entendimiento, con que yo sepa vencer mi propia voluntad y ajustarla a la divina.

Así en algo os deseo imitar a Vos, y. hallaré la paz y el consuelo del divino Espíritu consolador, y de que tanto necesito. Amén.

Se reza una Salve, etc., etc., como el primer día.

QUINTO DÍA

Acto de contrición como el primer día

Amado huésped del alma

PUNTO PRIMERO

Considera, alma y alcázar del amor divino, como el Espíritu Santo es, no solo el huésped de las almas, sino también la misma vida de ellas por la gracia que les comunica con cada uno de los siete dones, como nos lo dice San Cipriano. Siendo el divino Espíritu, puro fuego y luz celestial, ilumina el alma de tal manera, que realza su hermosura sobre el estado en que la creó Dios Padre.

De la misma manera, dice Santo Tomás que el Espíritu Santo embellece, graba nuevos primores a las demás obras de la creación, tanto en el orden natural como en el sobrenatural. Un ejemplo, por excelencia, lo tenemos en los Apóstoles, a quienes creó Dios Padre: los redimió Dios Hijo y los instruyó en la celestial doctrina: más el Espíritu Santo perfeccionó la obra allá en el Santo Cenáculo al manifestárseles en lenguas de fuego, transformándolos, de rudos y cobardes que eran, en verdaderos sabios y héroes que confundían a los sabios del mundo y desafiaban hasta la misma muerte.

PUNTO SEGUNDO

Considera además, cómo los dones que este divino huésped nos comunica nos alcanzan los doce frutos, a saber: caridad, gozo espiritual, paz, paciencia longanimidad, bondad, benignidad, mansedumbre fe, modestia, continencia y castidad. Mas estos frutos disponen el alma a practicar gustosa las obras heroicas comprendidas en las bienaventuranzas, que constituyen en sí la perfección de la vida cristiana y elevan el alma a lo sobrenatural.

Bien puede el infierno levantar tinieblas, borrascas y tempestades, cuando las apacigua y disipa el divino huésped, constituyéndose nuestro defensor, consejero y guía. Con su don de consejo obramos con acierto, y proseguimos sin tropiezo la senda de nuestra santificación y salvación eterna. El don de consejo nos hace discernir, dice San Antonio, los mejores medios de llegar al cielo.

PUNTO TERCERO

Consideremos, en ercer lugar, cuánto nos interesa el tener siempre en nuestra alma a este huésped dulcísimo, que nos colma de tantos bienes. Siendo El fuego nos enciende y abrasa en el amor divino y disipa nuestra tibieza y negligencia; siendo sapientísimo nos aconseja y saca de las dudas cuando se lo pedimos fervorosamente. Él mismo nos amonesta por Tobías, cuando nos dice: "hijo mío, pide siempre consejo al sabio". Y añade San Agustín: "aun cuando corrieras tu a gran prisa, mal correrás si no sabes hacia dónde".

San Agustín se lamenta de las almas que, heladas por la tibieza, no medran en el camino de la virtud, lo que equivale a volver hacia atrás. Más, así como hay luz artificial, que, a la vez ilumina y pone a los cuerpos en movimiento, así también el divino huésped, que es luz y fuego, nos ilumina y nos pone en movimiento en la senda de la virtud y caminamos con paso firme hacia el cielo.

ORACIÓN

¡Oh huésped amabilísimo de mi alma, Santo y divino Espíritu! heme aquí en vuestra presencia, yerto como un cadáver y sin avanzar en manera alguna por el camino de la virtud. Comunicadme el fuego del amor divino para ponerme en movimiento; aguijoneadme como al buey perezoso para que ande, trabaje y cultive el campo y logre frutos de vida eterna. Regad y fecundad Vos esta tierra estéril, con las fuentes de vuestros dones, y concededme en especial el don de consejo para que yo sepa elegir la senda segura que conduce al cielo, donde os pueda alabar y bendecir por los siglos de los siglos. Amén.

Se rezan tres Padrenuestros, etc., etc., como el primer día.

ORACIÓN A MARÍA SANTÍSIMA

Reina celestial y esposa de mi divino huésped, alcanzadme de Él, el don de consejo para que yo sepa escoger el medio más cierto y seguro para agradar a Dios y salvar mi alma. Enseñadme, maestra celestial, cómo debo tratar al amado huésped de mi alma para que El me la enriquezca con sus divinos dones, prenda de los doce frutos y bienaventuranzas.

Y así como Él os enriqueció á Vos desde el primer instante en que fuisteis concebida, y os eligió por Esposa suya, ejerced también ¡oh Madre mía! vuestro poderoso influjo a favor mío, bien seguro de que nada os negará un esposo tan dadivoso y tan bien correspondido de Vos. Amén.

Salve como el primer día, etc., etc.

SEXTO DÍA

Acto de contrición como el primer día

Mi suave refrigerio

CONSIDERACIÓN

Considera, devoto cristiano, en qué sentido debemos llamar refrigerio a Dios Espíritu Santo, puesto que templa nuestra sed y calor, o nos da la gracia para soportarlos, infundiendo en el alma el don de fortaleza, con el cual se acometen grandes empresas para gloria de Dios y las llevamos a cabo venciendo todos los obstáculos.

Según opina Santo Tomás de Aquino, es el don de fortaleza superior en eficacia a la virtud cardinal, que así se llama, pues da mayor fuerza para emprender cosas arduas y difíciles y hasta contrarias a todos los instintos de nuestra naturaleza, como el negarnos a nosotros mismos, sufrir las afrentas con alegría, practicar los consejos evangélicos y hasta para sufrir el martirio. Así se comprende cómo los Santos le pedían a Dios penas y trabajos. Padecer o morir, decía Santa Teresa de Jesús; padecer y no morir decía Santa Magdalena de Pazzis; padecer y ser despreciado por Dios fue la aspiración constante de San Juan de la Cruz.

PUNTO SEGUNDO

Considera atentamente la gigantesca empresa, que todos los mortales debemos acometer si queremos escalar el cielo por la senda que la practicaron muchos santos y santas: pondera el cúmulo de obstáculos que nos presentan, el demonio con su astucia, odio y porfía; la carne con el fuego de las pasiones, el amor impuro, los goces sensuales, el orgullo, la vanidad, la tristeza del bien ajeno, el tedio, el hastío, la desesperación, la gula, la ira, la venganza, él ímpetu, la osadía, el miedo, la terquedad, etc.; el mundo, esa turba loca y desenfrenada de chocarrerías, máximas, lujo, banquetes, teatros, modas, blasfemias, herejías, impiedad, bailes, cantos, sátiras, novelas, espectáculos inmorales, etc., y con todos conspira contra nosotros y nos pone obstáculos en la senda de la virtud.

De ahí nace la necesidad que todos tenemos del don de fortaleza para que podamos resistir tantos obstáculos y vencer a nuestros numerosos enemigos.

PUNTO TERCERO

Considera, en tercer lugar, las empresas de valor, que mediante el don de fortaleza, hombres y mujeres han alcanzado realizar en todo tiempo: Moisés arguye y reprocha al terrible Faraón; Sansón mata a miles de filisteos él solo y sin armas; Gedeón vence y destroza un poderoso ejército con trescientos soldados; Judith corta la cabeza al poderoso Holofernes; David mata a un león, a un oso y al gigante Goliath; Judas Macabeo atraviesa el caudaloso Jordán y persigue a un ejército diez veces más numeroso que el suyo; los tres niños alaban a Dios en el horno de Babilonia, Daniel entre los leones y la madre de los macabeos entre los verdugos de sus siete hijos. Y mediante el mismo don de fortaleza, millones de nuestros hermanos han sufrido los tormentos más inauditos de fuego y sangre que inventar pudieron los verdugos paganos y herejes; así, por fin, los Apóstoles alcanzaron la palma del martirio y en todo tiempo han tenido imitadores en todas las partes del mundo.

ORACIÓN

¡Poderosísimo Espíritu Santo, que siendo lazo de amor divino entre el Padre y el Hijo, os llama la iglesia suave refrigerio para aliento de los mortales, concededme el don de fortaleza para emprender y llevar a término todo género de empresas que me exijan la gloria de Dios, y para triunfar de todos los enemigos que me acechen para perderme y llenar de escollos el camino de mi eterna salvación! Guiadme, pues, por el camino que debo seguir, para que pueda llegar sin tropiezo al cielo, donde Vos habitáis. Amén.

Se rezarán tres Padre Nuestros, etc., como el primer día.

Oración a María Santísima

Portentosa Virgen María, ejemplo de valor y fortaleza, por los lances de vuestra vida más gloriosos y por la gracia alcanzada de vuestro divino Esposo, con la cual vencisteis los mayores obstáculos y pudisteis resistir los mayores trabajos, alcanzadme de vuestro divino Esposo el don de fortaleza, para que, a imitación vuestra, pueda y sepa triunfar de todos los peligros y tentaciones, con que me persiguen el mundo, demonio y carne. Amén.

Se reza la Salve, etc., como el primer día.

Séptimo día

Acto de contrición como el primer día

Tú, descanso en mis trabajos.

Punto primero

Considera, alma cristiana, que entre los siete dones del Espíritu Santo es eminente el de ciencia. Esta es considerada por Salomón como el mayor de todos los bienes; todo lo demás, según él, no es más que vanidad de vanidades y aflicción de espíritu. La ciencia es un don del Espíritu Santo, que perfecciona el juicio y nos hace discernir lo verdadero de lo falso.

Este don sólo se adquiere del Espíritu Santo, y no por el estudio, por la observación ni por el discurso. Con el don de ciencia interpretaban los Apóstoles y Santos Padres el verdadero sentido de las santas Escrituras, y con él saben distinguir los santos la verdadera ciencia de las falsas teorías del siglo.

Cada uno de los siete dones se opone a alguno de los siete vicios capitales, y así el don de ciencia se opone al vicio de la ira, que es el que más pronto ofusca la razón. El don de ciencia, dice el Doctor angélico, es semejante a la ciencia de Dios, aunque no es la misma, y comunica al entendimiento una luz y claridad tales, que hace ver las cosas como Dios las ve o las ha previsto.

¡Pondera cuánto te importa alcanzar tú, este don del Espíritu Santo para que lo pidas y lo poseas!

PUNTO SEGUNDO

Considera lo que sería del mundo y del género humano si nadie poseyera el don de ciencia, que el divino Espíritu reparte de cuando en cuando a aquellos que lo piden con fe y constancia. ¿Qué de atrocidades y desatinos no han cometido los sabios del gentilismo, con su filosofía, costumbres y sacrificios humanos?

Ni en nuestros días espantan menos los monstruosos errores de todo género, que propagan los hombres sin fe, y sin temor de Dios. Unos pregonan el comunismo, otros la impiedad, otros el racionalismo, el escepticismo, el anarquismo, el duelo, el suicidio o, en fin, el caos hacia el cual camina una gran parte de la sociedad actual, la que, por otra parte, tiene mil pretensiones de sabia e ilustrada. Conque, pondera pues, la necesidad que tienen los hombres ele poseer la verdadera ciencia, la que sólo se alcanza con la gracia de Dios, la fe y el don del Espíritu Santo.

PUNTO TERCERO

Discurre, cristiano carísimo, en tercer lugar, cómo el don de ciencia aligera y suaviza las cruces y penas de esta vida. Con el auxilio del Espíritu Santo sobrellevamos sin inquietud los trabajos más arduos y dificultosos, porque Él se constituye en ellos nuestro descanso: Él nos da resignación en las privaciones y pérdidas que sufrimos de nuestros padres, de nuestros hijos, de nuestros amigos o de nuestros bienes, de nuestra salud, de nuestra honra, etc., etc., y además, nos da fuerza para resistir nuestras enfermedades, el calor, el frío, la sed y el cansancio, porque en todas estas y otras fatigas de la vida, es Dios Espíritu Santo nuestra ayuda y nuestro descanso. Procura pues, hermano carísimo, pedir el auxilio del divino Espíritu en todas las pruebas y cruces que Dios te envíe.

ORACIÓN

Benignísimo Dios Espíritu Santo, que inseparable obráis con el Padre y con el Hijo, y la Iglesia os llama descanso en nuestras fatigas, dignificad, os ruego, el mérito de mis acciones y concededme el don de ciencia para mejor conocer el modo de serviros con toda mi voluntad y agrado vuestro, y ayudadme a llevar la cruz de mi estado y demás penas de la vida, para que merezca llegar a poseer un día las delicias inefables de la gloria. Amén.

Se rezan tres Padrenuestros, etc., etc., como el primer día.

ORACIÓN A MARÍA SANTÍSIMA

Benditísima Madre mía, vos, Madre del Salvador, Esposa de Dios Espíritu Santo y llena también de dolores, habéis experimentado más que ninguno la eficacia del auxilio de estos dones. ¿Quién, como vos, fue agobiada de cruces o traspasada con tantas espadas de dolor, tanto en la profecía de Simeón, como en la huida a Egipto, la pérdida del Niño Dios, la calle de la Amargura, las tres horas al pie de la Cruz, el sepulcro de Vuestro Hijo y en vuestra soledad? Vuestras pruebas y amarguras fueron capaces de causaros la muerte; más vuestro divino Esposo os confortó en medió de vuestras penas. Alcanzadme pues, Madre mía, la gracia que necesito para saber sufrir y llevar con paciencia y resignación cristianas las penas y cruces que se me esperan en este valle de lágrimas, para que os imite en esta vida y os vea en el cielo. Amén.

Se reza la Salve, etc., etc., como el primer día.

OCTAVO DÍA

Acto de contrición como el primer día

Tú moderas el calor

CONSIDERACIÓN

Considera, alma fiel y devota de Dios Espíritu Santo, lo que simboliza el número siete, sagrado en las Santas Escrituras, en la antigua y nueva ley. Los siete dones del Espíritu Santo son realmente otros tantos auxilios de que necesita el alma para elevarse a Dios, mediante el cumplimiento de los diez mandamientos.

Observa que nuestra corrompida naturaleza, agravada por nuestras culpas, nos atrae siempre hacia el abismo, así como el plomo sigue siempre las leyes de gravedad. Mas nuestra alma fue creada bajo otras leyes, para que siga un curso distinto, y se eleve a lo sublime hasta juntarse, con los demás espíritus que circundan el trono del Señor.

Luego nuestra senda está trazada hacia arriba y sólo cumpliendo los diez mandamientos desde el primero hasta el último, que son como otros diez peldaños, seremos conducidos a la cumbre del monte Sion.

Pero nos será imposible si fiamos en nuestras propias fuerzas. Sin mí nada podéis hacer nos dice Jesucristo. Luego necesitamos de auxilios sobrenaturales como lo son los Santos Sacramentos y los siete dones del Espíritu Santo.

Los primeros para que nos aligeren el peso de nuestras culpas; los segundos para que nos den aliento y valor para subir la cuesta y nos sirvan de luz y guía en una senda tan llena de enemigos y cercada de precipicios.

PUNTO SEGUNDO

Considera, en segundo lugar, que los siete dones del Espíritu Santo nos son tan necesarios como el cumplimiento de los diez mandamientos, si queremos pertenecer al número de los santos, que es el estado más perfecto que los justos alcanzan en esta vida.

Si quieres salvarte, dijo Jesús, al sabio en la ley, guarda los mandamientos: más si quieres ser perfecto vende tus bienes terrenos, da el precio a los pobres y ven en pos de mí. Esto es: si nada más pretendes que alcanzar la vida eterna, observa los diez mandamientos y esto te será bastante: pero si aspiras a ceñir la aureola de los santos o héroes del cristianismo, será preciso entonces que, como lo hicieron ellos, te renuncies a ti mismo, ceda a la mía tu propia voluntad y observes los demás preceptos y consejos evangélicos. Así serás santo, serás héroe, y como tal, serás coronado allá en el Cielo. Mas conviene tengas presente que para ello necesitas el auxilio de los siete dones del Espíritu Santo, como lo advierte San Agustín.[2]

---

[2] San Agustín, en el lugar citado, toma el número 153 que fue el de los peces cogidos en la red por San Pedro, y por orden del Salvador, arrojada en el mar de Galilea, como símbolo de la muchedumbre o categoría de los santos: y juntando los diez mandamientos con los siete dones, toma el número 17 por factor del 153, como en efecto, así resulta de las sumas separadas desde el 1 al 17, (Sermón 218, cap. IV).

PUNTO TERCERO

Considera, en tercer lugar, cómo el número siete se tiene por sagrado en las santas Escrituras: siete fueron los días que el Creador asignó a la semana: de siete dones dotó al hombre: entendimiento, memoria y voluntad a su semejanza; materia, forma y libertad y un ángel para su guía: siete fueron los objetos que Faraón vio en sueños: siete los sacerdotes que por orden de Josué, derribaron a Jericó, así como los siete dones del Espíritu Santo derribaron las siete cabezas del dragón inmundo: siete coros acompañan el arca de la alianza cantando David siete veces al día las divinas alabanzas: en siete años se construye el templo de Salomón, ayuna el rey siete días y en otros siete lo consagra a Dios; siete ojos tiene grabados la piedra angular del templo, como los siete dones forman la piedra angular de la Iglesia militante y triunfante: a siete leones fue Daniel arrojado y por Dios liberado, como el Espíritu Santo nos libra de los siete demonios que nos cita el Evangelio: siete panes alimentan a cuatro mil hombres en el desierto y siete diáconos son elegidos por los Apóstoles para practicar obras de caridad espiritual y corporal.

San Juan escribe a siete Iglesias y ve al hijo de Dios rodeado de siete candeleros de oro; siete ángeles tocan la trompeta y se oyen siete truenos y el mundo delincuente es herido con siete plagas. Profecías terribles sobre los últimos días. Por último, siete son las palabras de Cristo moribundo; siete los principales dolores de María Santísima; siete las virtudes que hemos de tener, tres teologales y cuatro cardinales y siete son los Santos Sacramentos de la Iglesia, así como siete son los dones del Espíritu Santo.

Admira pues, cristiano, los símbolos y significado de este número tan repetido, para que logres los siete dones del Espíritu Santo y te defiendas del dragón fiero de siete cabezas con siete ojos, símbolo de los siete pecados capitales, que nos dañan en el cuerpo y en el alma.

ORACIÓN

¡Oh Dios Espíritu Santo! que consagrasteis el número siete al beneficio del género humano por medio de vuestras divinas operaciones, y con la eficacia de vuestros siete dones defendéis a vuestros devotos del poder de los siete espíritus malignos, y los eleváis en la senda de la perfección; defendedme a mí también de los lazos del mundo, demonio y carne. Desbastad, divino Espíritu, con el fuego de vuestros encendidos rayos, el peso de mis pecados que me arrastran hacia el abismo. Santificadme con vuestros siete dones; dadme alientos para volar como paloma hacia el cielo y defendedme de las asechanzas del dragón inmundo, que, con sus siete cabezas, quiere devorarme y encadenar mi alma para hacerme difícil la observancia de la divina ley e imposible el cumplimiento de los diez mandamientos, sin lo cual nadie puede llegar al cielo. Amén.

Se rezarán tres Padrenuestros, etc., como el primer día.

ORACIÓN A MARÍA SANTÍSIMA

Oh Virgen Santísima, mi augusta y dolorida Madre, Esposa de Dios Espíritu Santo: por los siete dolores que padecisteis alcanzadme de vuestro divino Esposo la gracia de los siete dones para poder triunfar de los siete espíritus del mal, que no cesan de perseguirme.

Haced, oh Madre mía, que el divino Espíritu, disipe con el calor de sus rayos, el fuego de mis pasiones, que me detienen sin medrar en el camino de mi salvación. Sí, Madre atribulada al pie de la Cruz, renovad en mí a cada instante el recuerdo de vuestros siete dolores y alcanzadme por vuestros méritos la asistencia del

Espíritu Santo para hacerme sufrido y resignado en mis penas y que me sirvan de estímulo para merecer el cielo. Amén.

Se reza una Salve, etc., etc., como el primer día.

NOVENO DÍA

Acto de contrición, etc., como el primer día.

Consuelo en la aflicción

CONSIDERACIÓN

Considera, alma cristiana, cuál sea la excelencia de los dones del Espíritu Santo, por medio de los cuales nos inclinamos a la práctica de todas las virtudes, de un modo tan fácil y agradable, que desde esta vida experimentamos el principio de dicha de los bienaventurados. Los actos de virtud de esa manera ascienden, y los llama Santo Tomás, actos beatíficos o que comprenden las bienaventuranzas. Éstas, que San Mateo hace llegar a ocho, Santo Tomás, San Agustín, San Antonino y algunos concilios, las reducen a compendio o número de siete, cuantos son los dones del Espíritu Santo.

Pondera bien la dicha de los justos o bienaventurados ya en esta vida, y el gusto con que sufren por Dios los trabajos que Él envía: las privaciones, el calor, la sed, el hambre, las persecuciones y las penas que ellos mismos se imponen para seguir la senda de la gloria, como San Francisco de Asís, San Pedro de Alcántara, Santa Teresa y tantos otros, que le piden al Señor más trabajos, *aut pati aut mori,* o padecer o morir; mientras que los menos virtuosos y los mundanos se afligen y se les hacen insoportables aún las más ligeras y triviales penas.

PUNTO SEGUNDO

Pondera, cristiano carísimo, con qué constancia el pobre labrador trabaja y sufre los rigores del sol, del frío y del cansancio para ver luego reverdecer sus campos con lozanas mieses, objetivo de sus legítimas esperanzas; contento va al trabajo y cantando vuelve de él; saborea gustoso el bocado de frugal cena, en su humilde, pero risueña choza; se acuesta en el duro suelo y duerme como un santo.

Más esto no es sino un pálido reflejo de la dicha del justo, que trabaja, sufre y alaba a Dios en medio de las cruces y pesadumbres de la vida, y lleno de amor y de esperanzas porque experimenta el influjo benéfico de las bienaventuranzas. Viniendo a suceder que sus actos de virtud no sólo son meritorios, sino que también en ellos experimenta ya el principio de la recompensa, como el mismo Santo Tomás lo consigna.

PUNTO TERCERO

Hemos contemplado, piadoso cristiano, como resultado de los siete dones, los auxilios, virtudes y bienaventuranzas para el justo. Más a todos esos bienes debemos añadir otros como último triunfo en la vida presente. Glorioso es el fruto de los buenos trabajos, dice el Espíritu Santo. Y en verdad, mientras el labrador cultiva sus campos con la perspectiva de lograr su recompensa, esa no la obtiene sino hasta que recoge sus frutos.

De un modo parecido, los frutos del Espíritu Santo son el epílogo y colmo de todas las gracias que Él nos ha concedido. Y en esto se diferencian los frutos del Espíritu Santo, de las bienaventuranzas, y en que aquéllos resultan en mayor número. Los frutos del Espíritu Santo, dice San Pablo, son la caridad, gozo, paz, paciencia, bondad, longanimidad, mansedumbre, fe, modestia, continencia y castidad. Considera estos frutos cómo el complementó de la gracia que en este mundo se alcanza.

Por medio de ella han triunfado los mártires y alabaron a Dios en medio de los más atroces tormentos, y por medio de ella el justo se habitúa en el amor perfecto de Dios de tal suerte que ni las cárceles, persecuciones, ni suplicios son capaces de separarnos de su amor, como decía el mismo apóstol.

Considera, por fin, cristiano, cuál sea la eficacia del amor y devoción al Espíritu Santo y lo mucho que te importa alcanzar sus dones, y sus frutos para que pertenezcas al número de los bienaventurados allá en el Cielo.

ORACIÓN

¡Oh divino y paráclito Espíritu! Gracias infinitas os tributamos; os alabamos y bendecimos por habernos permitido terminar esta novena dedicada a honor y gloria vuestra y provecho de nuestras almas. Dignaos, os suplicamos, por intercesión de vuestra purísima Esposa y Madre del divino Verbo, concedernos el favor de vuestros siete dones para que practiquemos las virtudes cristianas, alcancemos las bienaventuranzas y los frutos de vuestro divino Ser y nos inscribáis en el número de vuestros santos y elegidos.

¡Concedednos vuestra gracia, para que siempre os amemos y veneremos como a la tercera persona de la Trinidad Beatísima y os proclamemos igual al Padre y al Hijo, de cuyo mutuo amor procedéis, con igualdad perfecta de atributos!

No permitáis, oh Dios Espíritu Santo, que jamás nosotros, ni nuestros prójimos provoquemos la ira de la divina justicia contra aquellos que os blasfeman, que desesperan o se jactan de salvarse sin buenas obras porque sois bueno, o se obstinan en el error, envidian los bienes espirituales del prójimo o se hacen impenitentes hasta la muerte, contra los cuales recae aquel anatema tan terrible del Hijo de Dios.

¡Ah! cuánto de temer es que Dios castigue hoy al mundo, por tantos extraviados que impugnan las verdades divinas para pecar con mayor desenfreno y libertad, lo que es también gravísimo pecado contra el Espíritu Santo.

Salvad, divino Espíritu, al mundo; difundid un rayo de vuestra divina luz sobre los incrédulos y sus prosélitos, que tan ciega y tenazmente impugnan la verdad revelada, persiguen a la Iglesia, extravían sus almas, roban su patrimonio y aprisionan al Vicario de Jesucristo.

Asistid, Dios Espíritu Santo, al Sumo Pontífice defendedle de sus enemigos, a Él y a todos los Obispos y sacerdotes, y concededles vuestros dones en abundancia para que triunfe la Santa Iglesia, la gobiernen con acierto y se salven las almas en el mundo entero. Amén.

Se rezarán tres Padre Nuestros, etc., como el primer día.

ORACIÓN A MARÍA SANTÍSIMA

¡Oh Emperatriz soberana de los Cielos, Reina del Universo y sacratísima Esposa de Dios Espíritu Santo! Por el misterio augusto de vuestra Concepción Inmaculada, alcanzadnos de vuestro divino Esposo, los dones, frutos y demás gracias, que necesitamos para salvarnos.

¡Compadeceos, oh Madre de misericordia, de la ceguedad y temeridad de los hombres de la época actual, que tanto se obstinan en el error, combaten la verdad revelada, se ensañan contra la Iglesia y con sus pecados contra el Espíritu Santo, provocan la ira de Dios!

Unos pierden la fe ilusionados por las ciencias modernas y fementidas, otros pierden la esperanza y se suicidan locamente; mientras que un gran número de extraviados se entrega a los vicios más detestables y mueren en la impenitencia final.

Apiadaos, pues, Esposa y Madre divina, de tantos males, salvad el mundo con vuestros ruegos, convertid a los pecadores. Rogad por el Romano Pontífice, hoy día tan afligido, por los que persiguen a la Iglesia y se condenan miserablemente. Interceded, Virgen Santísima, eficazmente ante la Santísima Trinidad y pronto nos venga el remedio que tanto necesitamos. Amén.

Se reza la Salve, etc., etc., como el primer día.

HIMNO

Ven, Creador Espíritu,

Visita nuestras almas,

Llenando a tus criaturas

De gracia celestial.

Consolador benéfico,

Del Altísimo dádiva,

Viva fuente, amor, fuego,

Y unción espiritual.

De la paterna mano

Promesa soberana,

Los labios enriqueces

Con ciencia de verdad.
Ilustra los sentidos,
De amor el pecho inflama,
Fortaleciendo el cuerpo
Con virtud perennal.

Ahuyenta al enemigo
Y paz infunde al alma:
Siendo Tú nuestro guía
Huiremos todo mal.

Logremos por ti al Padre
Y al Hijo venerar
Y a ti, de ambos Espíritu,
Creer en toda edad.

A Dios Padre la gloria
Y al Hijo sea dada,
Y al Paráclito Espíritu
Por una eternidad. Amén.

Made in United States
North Haven, CT
11 March 2022

17043146R00065